추천사 1

내 주변엔 스스로의 노력으로 삶을 개척해 낸 대단한 사람들이 많다. 부자마녀님도 그중 한 사람이다. 그녀는 쉽지 않은 환경에서도 자꾸 무언가를 해낸다. 처음엔 새벽기상 모임을 만들어 젊은 엄마들을 새벽에 흔들어 깨웠다. 다음엔 돈 관리 전문가가 되어 사람들에게 돈에 대해 가르쳤다. 근래에는 책쓰기 코치로서 평범한 사람이 자신의 이야기를 쓰는 것을 돕고 있다. 참 다재다능하고 성실하면서도 열정적인 사람이다.

그녀는 지금 많은 강의와 저술 활동을 통해 한 달에 수천만 원을 벌고 있다. 소위 잘나가는 일인 기업가가 된 것이다. 하지만 시작은 순탄치 않았다. 그녀는 비교적 이른 나이에 결혼해서 아들 셋을 키우며 장사를 하던 중국집 아줌마였다. 삶은 힘들고 지루하기 짝이 없었다. 그랬던 그녀가 어느 순간 자신의 가능성을 발견하고 스스로를 빛나는 존재로 만들어 세상이라는 무대 위에 섰다. 그녀의 이야기는 평범한 여자의 성공 스토리라서 더욱 짜릿하고 감동적이다. 이 책에는 그 내용이 잘 담겨 있다. 앞으로 그녀가 더 많은 성공을 하길 바란다. 그리고 더 많은 마법을 부리길 바란다. 그녀가 힘을 내면 낼수록 그녀의 주변 사람들이 더욱 부자가 되고 진짜 행복을 찾게 될 것이라 믿는다.

— **청울림(유대열) 다꿈스쿨 대표,**
《나는 오늘도 경제적 자유를 꿈꾼다》 저자

추천사 2

준비된 자에게 기회가 온다고는 하지만 도대체 어떤 준비를 해야 하는지 구체적으로 방법을 알려주는 사람이 있었던가? 이 책에서는 누구보다 절박한 상황에서 돈 공부를 시작하여 놀라운 변화를 이뤄낸 주인공이 구체적인 방법을 제시해 준다. 저자는 매일 중국집에서 11시간을 일하고, 내 집 없이 14년 동안 이사를 다니며, 전신마비 시아버지와 백일 무렵부터 수술대에 오른 아이를 돌봐야 했던 막막한 상황에서도 희망을 찾으려 애썼다. 절박함을 동력 삼아 재테크에 몰두했고, 그 과정에서 얻은 소중한 지혜를 아낌없이 나누고 있다. 이 책은 지금 바로 실천할 수 있는 경제 공부 방법부터 주식과 부동산 투자에 대한 기초와 실전 활용 팁까지, 누구나 쉽게 따라 할 수 있도록 꼼꼼히 알려준다. 돈이 절실한 이들에게, 특히나 경제적으로 어려움을 겪고 있는 주부들에게 용기를 불어넣어 주는 귀중한 지침서가 될 것이다. 더불어 재테크란 단순히 돈을 모으는 것을 넘어, 더 나은 내일을 만들어가는 행복한 여정임을 깨닫게 될 것이다. 저자처럼 행복하게 돈을 모으고 불려나가고 싶다면, 이 책으로 첫 단추를 끼워보길 바란다. 꿈을 현실로 만드는 힘을 선물 받게 될 것이다.

— **김광석 한국경제산업연구원 경제연구실장**,
유튜브 '경제 읽어주는 남자' 운영자, 〈스태그플레이션 2024년 경제전망〉 저자

나는 돈으로 행복을 삽니다

평범한 주부를 40억 자산가로 만들어준 방법들

나는 돈으로 행복을 삽니다

부자마녀 지음

BM 황금부엉이

(프롤로그)

삶을 바꾸기 위한 힘은
특별하지 않아도 된다

제가 어렸을 때, 부모님은 돈 때문에 자주 싸우셨어요. 친구들과 놀다가 집에 들어가면 여섯 살 아래의 막냇동생이 울음을 삼키며 책상 위에 쪼그리고 있는 모습이 가장 먼저 눈에 들어왔어요. 포화가 빗발치던 부모님의 싸움이란 전쟁터에서 어린 동생 혼자서 고군분투하고 있었던 거예요.

도대체 돈이 뭐기에 금슬 좋던 부모님 사이를 갈라놓았을까 의문이 들었어요. 그렇게 은연중에 돈을 무서워하게 됐고, 돈에 대해 제대로 알아보기는커녕 애써 외면하게 됐습니다. 그때 저는 꿈에서라도 장사를 한다거나 투자자가 된다는 생각은 해본 적이 없었어요. 돈에 대해 원망만 했으니까요.

돈 때문에 싸우시던 부모님이었지만 대학 학비는 마련해 주셨어요. 하지만 집안 분위기가 좋지 않으니 집에 들어가기가 싫었고 학생회 활동을 도피처 삼아 자유롭게 살았어요. 그러다가 갑자기 모든 게 싫어져 도망치듯 집으로 돌아오고 말았어요. 부모님 사이는 여전 했습니다. 저는 머리를 싸매고 자리보전한 엄마의 병간호를 하며 아버지의 눈치를 보며 집안 살림을 했어요. 틈틈이 아르바이트도 하면서요.

이런 상황에서 저보다 11살이 많은 남편을 소개받고 만난 지 1년도 안 되어 도망치듯 결혼하게 되었죠. 남편은 중국집을 운영하고 있었기에 결혼 후 자연스럽게 가게 일을 돕게 되었어요. 사회생활을 제대로 해본 적이 없던 저에게 가게 시스템은 참 낯설었습니다. 저의 작은 실수들은 매출에 큰 타격을 주었고, 직원들이나 남편이

뒤치다꺼리하느라 골치를 썩었습니다. 남편에게 혼이 날 때는 서운한 맘도 들었어요. 하지만 시간이 갈수록 손님들의 요구사항을 잘 맞추고 실수도 하지 않아야 우리가 먹고 살 수 있다는 사실을 알게 되었습니다.

저는 어릴 때부터 두 동생을 돌보며 살림을 했기에 아이를 좋아하지 않았어요. 그런데 정신을 차려보니 어느덧 세 아들의 엄마가 되어있었어요. 휴학 중에 결혼과 임신, 출산을 겪었기에 언젠가는 학교로 돌아가 졸업하겠다는 꿈을 간직하고 있었는데, 둘째 아이가 아프게 태어나면서 그 꿈은 고이 접게 되지요. 저는 남편의 반대를 무릅쓰고 자퇴를 한 후 아이를 키우고 열심히 장사를 하며 살았습니다.

그러던 중 시작한 블로그에서 제 이야기를 진솔하게 풀어놓자 점점 구독자가 늘어났습니다. 온라인 세상에서 저를 소개할 일이 늘어나자 저는 이렇게 소개를 했습니다.

'아들 셋 키우며 하루 11시간 몸을 써서 일하는 엄마!'

사람들은 저를 짠하게 바라봤어요. 하지만 그때로 돌아간다고 해도 저는 같은 선택을 할 거예요. 그때나 지금이나 절실하고 절박하거든요. 오죽했으면 독서도 하지 않던 제가 처음으로 손에 잡은 책이 《절박할 때 시작하는 돈 관리 비법》이었을까요.

현재의 생활에서 벗어나고 싶었습니다. 하지만 스스로가 만든 안전지대에서 벗어나지 못해 자꾸 위축되었습니다. 그렇다고 포기할 순 없었어요. 더 이상 예전처럼 살고 싶지 않았기 때문에 뭐라도 해야 했거든요. 그래서 나를 제대로 바라보는 것부터 시작했어요. 나를 바꿀 수 있는 힘을 기르기 위해 기준을 낮추고 작은 도전부터 시도했고, 작은 성공의 경험들이 쌓이자 나에 대한 믿음이 생기기 시작했어요.

삶을 바꾸기 위한 힘은 특별하지 않아도 된다는 것을 깨닫게 되었죠. 내 삶을 통제할 수 있는 힘을 키우면 그만이에요. 그러기 위해서는 내가 할 수 있는 영역부터 하나씩 내 것으로 만들어나가면 된답니다. 할 수 있는 일에 집중하고 그날 해야만 하는 일을 선택해서 했어요. 통제 가능한 영역부터 조금씩 깨나가니까 조금은 버거울 수 있는 시작도 할 수 있게 되었어요. 시간을 달리 쓰게 된 새벽 기상부터 절박함에 시작한 돈 공부, 다양한 사람들과 만나는 온라인 커뮤니티, 그리고 나의 가치를 높이기 위한 자기계발까지. 그렇게 세 아들을 키우며 장사하던 중국집 아줌마는 부자마녀로서의 새로운 삶을 시작하게 되었고, 그렇게 삶은 서서히 변해갔습니다.

아이의 공개수업에 가보는 것이 평생소원이던 저는 이제 아이들 곁에 언제든 있어줄 수 있는 엄마가 되었습니다. 장사하느라, 또 아픈 아이의 수술을 위해 포기했던 학교도 다시 입학하여 졸업의 기쁨을 누리게 되었고요. 전국을 다니며 강의하는 재테크 강사로 살면서, 과거의 저처럼 절실하게 도움이 필요한 분들이 더 의미 있는 성장을 이룰 수 있도록 돕는 사람이 되었습니다. 돈 공부를 통해 행복의 길을 찾았고, 그 길은 제 삶을 완전히 바꿔놓았습니다.

지금까지 만난 3,000여명의 수강생들이 변화하는 모습을 보며 확신하게 되었어요. 더 이상 이렇게 살 수 없다며 치열하게 고민하던 제가 마침내 어떻게 살아야 행복할지에 대한 해답을 찾게 된 거예요.『나는 돈으로 행복을 삽니다』는 제가 걸어온 길을 고스란히 담은 책입니다. 제가 그렇게 삶의 길을 찾았듯 이 책이 누군가에게 삶의 빛이 되었으면 해요. 반짝반짝 빛나는 당신의 삶을 진심으로 응원합니다.

부자마녀

차례

프롤로그
삶을 바꾸기 위한 힘은 특별하지 않아도 된다 · 4 ·

1장

아들 셋 키우며 장사하던 중국집 아줌마

돈에 눈을 뜨게 된 결정적 사건 · 18 ·
결혼 14년 만에 내 집이 생기다 · 21 ·
돈이 나를 따르게 하다 · 24 ·
평범한 나도 부자가 될 수 있을까? · 29 ·
돈보다 나 바로 알기가 먼저다 · 33 ·
바보야! 문제는 WHY야! · 37 ·
오늘부터 나는 무조건 부자가 된다 · 42 ·
가장 먼저 손대야 하는 우리집의 블랙홀 · 46 ·
비워야 비로소 통장이 채워진다 · 51 ·
돈 잡아먹는 양대 산맥, 보험과 대출 · 55 ·
돈 쓰면 무조건 적기 시작하자 생긴 변화 · 60 ·

2장

간절할 때 시작하는 우리집 돈 관리

가계부로 부자 되는 WPS 법칙 · 66 ·

우리집 머니 메뉴판 만들기 · 72 ·

고정 지출과 변동 지출 구분하기 · 76 ·

우리집 적정 생활비는 얼마일까? · 81 ·

작심삼일 대마왕도 쓰는 머니 플랜 데이 · 87 ·

나의 카후 소득 바로 알기 · 94 ·

샀다 치고, 했다 치고, 먹었다 치고! · 100 ·

3장

돈의 흐름이 보이기 시작하다

돈의 흐름이 보이는 경제지표 트래킹 · 108 ·
경제기사 1pick, 하루에 딱 하나만 읽자 · 115 ·
조금 더 자세히 경제신문을 보고 싶다면 · 123 ·
돈 공부에 엔진을 달아주는 전략 독서법 · 129 ·
고수의 지식을 배우는 길은 많다 · 135 ·
세 아이에게 용돈을 넉넉히 주었던 이유 · 141 ·
아이들에게 투자 DNA 심어주는 방법 · 151 ·
내 돈이 나를 먹여 살린다 · 158 ·
재테크에도 단계가 있다 · 163 ·

4장

그래서 주식은 어떻게 시작하나요?

주식 투자의 첫걸음, 계좌 만들기 · 170 ·

ETF로 작은 돈 나무 심기 · 174 ·

기왕이면 미국 시장을 사는 건 어때? · 181 ·

소액이 거금으로, 무시할 수 없는 복리의 힘 · 187 ·

투자에도 루틴이 필요해 · 191 ·

숨 쉬듯 읽다 보면 회사의 주인이 된다 · 199 ·

스스로 기업을 분석할 수 있는 기적 · 206 ·

무섭다면 모의투자로 연습 먼저 해보기 · 212 ·

5장

그래서 부동산은 어떻게 시작하나요?

투자자의 마음으로 바라보기 · 220 ·
어느 지역부터 봐야 할지 모르겠다면? · 226 ·
세 가지 사이트만 알아도 부동산 투자는 끝! · 232 ·
내가 밟은 땅은 모두 돈이 된다 · 237 ·
투자에는 주식과 부동산만 있는 게 아니었다 · 247 ·
실패하지 않는 투자, 잃지 않는 투자 · 253 ·

6장

마흔을 앞두고 있는 당신에게

지금까지 이룬 게 없다고 느껴진다면 · 264 ·
내가 뭘 할 수 있을까 고민하고 있다면 · 268 ·
무엇부터 해야 할지 몰라 막막하다면 · 273 ·
나만의 시간을 갖는다는 것 · 280 ·
누구에게나 콘텐츠는 있다 · 286 ·
혼자가 어렵다면 같이 하면 된다 · 293 ·

에필로그
진짜 인생은 마흔부터 시작된다 · 299 ·

1장

아들 셋 키우며 장사하던

중국집 아줌마

돈에 눈을 뜨게 된 결정적 사건

* * * * * * * * * * *

2000년대 초에는 카드 결제보다 현금 거래가 더 많았습니다. 매일 현금이 들어오는 장사를 하다 보니 그 돈이 다 내 돈처럼 느껴졌죠. 남편이 준 생활비로 먹고 싶은 것이나 사고 싶은 것을 가리지 않고 마음껏 썼는데, 그 버릇은 아이를 낳고도 고쳐지지 않았어요.

세 아이 모두 돌이 되자마자 어린이집에 보냈어요. 아침 10시 반부터 오후 5시까지 아이들과 떨어져 있으면서 처음으로 돈이 많았으면 좋겠다고 생각했죠. 물론 막연함만 느꼈을 뿐 어떻게 해봐야겠다는 생각은 못 했어요. 그때라도 돈 공부를 시작했다면 얼마나 좋았을까요.

첫째아이가 돌이 안 되었을 때, 원룸에서 방 두 칸짜리 반지하 빌라로 이사를 가면서 시아버님을 모시고 살게 되었어요. 그때부터 고통스런 시간이 시작되었습니다. 아버님과 저의 생활 방식이 너무나 달랐거든요. 불편한 점들을 말씀드렸지만 아버님은 저희와 맞추려는 노력을 일절 하지 않았어요.

그러다 둘째를 임신하게 되었고, 아이에게 약간의 문제가 있다는 말을 듣게 되었습니다. 그제야 저는 남편에게 너무 힘들다고 말했고, 때마침 아버님 소유의 시골집이 비게 되면서 아버님이 이사를 가게 되셨습니다.

시간이 흘러 저는 세 아들의 엄마가 되었어요. 생애 처음으로 아파트를 장만하고 1년이 됐을 무렵, 아버님이 다쳐서 전신이 마비되고 맙니다. 처음에는 아버님의 병세가 걱정되었지만 시간이 흐를수록 병원비와 간병에 대한 걱정이 커졌습니다. 돈 문제가 걸리자 남편 형제들은 연락을 끊었고, 결국 병원비와 간병비는 우리 부부의 몫이 되었습니다.

아버님은 1년 후 돌아가셨고, 그동안 연락이 끊겼던 남편 형제들을 장례식장에서 만났습니다. 누구 하나 미안하다고 말하지 않더군요. 그러다가 감정이 터지게 되는 일이 생깁니다. 시누이가 그나마 딱 한 번 낸 병원비 100만 원을 돌려달라고 한 겁니다. 아버님이 다쳤을 당시에 남편이 나중에 아버님 집을 처분하게 되면 병원비를 돌려준다고 했다던 약속을 지키라면서 말이죠.

돈이라는 것이 이다지도 사람을 무섭게 만든다는 것을 그때 처음 알았습니다. 병상에 누워있는 아버님을 보면서 돈 없이 나이 드는 공포를 경험했어요. 처음으로 부자가 되어야겠다고 결심했습니다. 이렇게 소비마녀로 살다가 아버님과 같은 노후를 맞이하면 안 되니까요. 돈이란 녀석은 중요한 순간에 발톱을 드러내고 뒤통수를 친다는 것을 여러 가지 일을 겪고 나서야 깨닫게 되었죠. 막연함이 아닌, 돈에 대해 진짜 눈을 뜨게 된 순간이었습니다.

결혼 14년 만에
내 집이 생기다

✳ ✳ ✳ ✳ ✳ ✳ ✳ ✳ ✳ ✳

전세 2,500만 원으로 신혼 생활을 시작한 저희 부부는 14년 동안 4번의 이사를 했어요. 전세 보증금은 2,500만 원 → 반전세 5,000만 원 → 전세 5,000만 원 → 반전세 8,000만 원으로 높아졌죠. 우리끼리 이만큼 해냈다는 사실이 뿌듯했는데, 아래층 사람들이 층간소음의 원인으로 저희 아이들을 지목하면서 갈등이 생기기 시작했습니다.

처음으로 내 집에 대한 생각이 간절해졌어요. 막연

히 아파트는 비쌀 거라는 선입견을 가지고 있었기에 이사 때마다 아파트를 알아본 적도 없었어요. 그랬던 제가 아파트에 살고 싶다고 하니, 남편은 무슨 돈으로 아파트로 이사를 가느냐며 한소리 하더군요.

무작정 공인중개사를 찾아가서 아파트를 사고 싶다고 말했습니다. 그렇게 보러 가게 된 집은 앞이 탁 트여 남산 타워도 보이고 볕도 잘 들어오는 12층이었습니다. 이렇게 높은 집에서 살아본 적이 없었던 터라 눈이 휘둥그레졌어요. 수중에 있던 1,000만 원으로 가계약을 하자 세상을 다 가진 듯했어요. 그동안 왜 집을 장만할 생각도 안 하고 살았을까, 그제야 지난 시간이 아깝게 느껴졌어요.

포지션이 변하면 생각이 바뀝니다. 무주택자일 때는 집을 사는 것이 두렵기만 했어요. 세상에 이렇게 집이 많은데 우리가 살 집 하나 없다는 것이 불공평하게 여겨졌고, 집을 가진 사람들이 밉기까지 했어요. 그런데 포지션이 바뀌니 내가 사는 곳의 집값이 눈과 귀에 들어왔고, 하루가 멀다 하고 오르는 집값에 아찔해졌어요. 저축만으로는 모을 수 없는 금액이 하루아침에 생기는 것을 보면서, 이래서 다들 부동산을 사는구나 싶었습니다. 생각이 바뀌지 않으면 포지션부터 바꾸는 것도 답이 될 수 있다는 것을 알게 되었어요.

만약 신혼 시절로 돌아갈 수 있다면, 조금 무리가 되더라도 집부터 장만할 거예요. 자본주의 사회에서 자산은 큰 무기가 되기 때문이에요. 물론 자산이 제 기능을 하려면 추가로 투자를 해야 하죠. 내 집 마련은 그 시작점이 되어줄 겁니다.

돈이 나를 따르게 하다

* * * * * * * * * *

2021년 1월, 저는 남편 가게에서 나와서 경제적 독립을 했어요. 시간에 구애받지 않고 하고 싶은 일만 하며 사는 삶, 꿈에만 그리던 일이 이루어진 거예요. 열심히 아끼고 투자하고 자기관리하면서 최선을 다해 살았을 뿐인데, 제가 바라는 일들이 하나씩 이루어진 거죠. 돈만 좇던 지난날에는 지독히도 잡히지 않던 돈이 이제는 저를 따라옵니다.

2019년 9월, 처음으로 투자한 부동산이 생각보다

빨리 올라 좋은 금액으로 매도하게 되었어요. 계속 가지고 있었다면 더 많은 돈을 벌었겠지만 투자 경험이 별로 없었던 터라 얼마나 오를지 예측하기 힘들었어요. 그저 투자할 당시에 생각했던 가격이 되면 매도하겠다는 기준으로 움직인 거죠. 이 경험을 통해 부동산 투자가 다른 어떤 것보다 큰 수익을 가져다주는 투자 방법이라는 것을 알게 되었고, 이후 본격적으로 부동산 투자를 하게 됐어요.

수도권과 지방을 가리지 않고 지역에 대해 공부했고, 제가 생각했던 기준에 도달하면 매수를 했습니다. 시장의 흐름이 좋을 때라 제가 팔려고 한 금액에 빠르게 도달했고 그렇게 매도를 하면서 조금씩 자산의 몸집이 불어났어요. 실거주하던 집은 시간을 먹고 쑥쑥 자라주었어요. 매매가가 올라 집값의 80%에 육박했던 대출은 25%로 줄어들게 되었지요. 매월 대출금을 열심히 갚으면서 종잣돈을 모았을 뿐인데, 집값이 오른 덕분에 대출 비중이 저절로 낮아진 거예요.

무주택자에서 유주택자로 포지션을 옮겨왔을 뿐

인데, 세상을 바라보는 눈이 바뀌었습니다. 저희 부부는 현금을 자산으로 옮겨야겠다는 목표를 세우고, 시간이 갈수록 가치가 올라가는 자산이 무엇인지 공부하기 시작했어요.

처음에 투자라는 말을 접했을 때는 겁이 났지만 현금을 자산으로 옮겨둔다고 생각하니 해볼 만하다 싶었어요. 종잣돈이라는 현금을 주식이라는 금융자산과 부동산이라는 실물자산으로 옮겨놓는 일이라고 생각한 거죠. 억대 자산가가 되는 것만을 목적으로 하지 않고, 시간을 먹고 자라날 자산으로 옮겨놓는 행동 자체를 목표로 공부하고 투자한 거예요. 지금도 자산의 규모보다는 시간과 노력으로 돈을 벌 수 있는 투자를 하는 투자자로 살아가고자 합니다.

저는 워낙에 하고 싶은 것이 많아서 시간과 돈을 들여 많은 것을 배웠어요. 배운 것은 반드시 내 것으로 만들려고 애를 썼어요. 그러다 보니 배운 것을 써먹으면서 돈을 버는 기술도 갖게 되었어요. 기술은 사업으로 연결되어 어느새 저는 2개의 법인과 2개의 개인 사업자를 가진 대표가 되었습니다. 돈을 버는 것만이 목적이 아닌, 하고 싶은 일을 하면서 살다 보니 돈이 저절로 따라온 거예요.

　돈이 나를 따르게 하는 방법은 어찌 보면 단순해요. 내가 들인 시간과 노력이 헛되지 않도록 최선을 다하는 거예요. 지루한 것을 매일 해내는 가장 무서운 사람이 되어보세요. 매일 하는 지루한 것에 바로 답이 있습니다.

평범한 나도
부자가 될 수 있을까?

✳ ✳ ✳ ✳ ✳ ✳ ✳ ✳ ✳ ✳ ✳

　행복은 돈과 상관없이 마음먹기 나름이라고 생각했어요. 꿈꾼다고 누구나 부자가 될 수 있는 건 아니라며 미리 선을 그어놓았던 거죠. 이룰 수 없다면 아예 마음먹지 말자고, 꼭 돈이 있어야 행복한 건 아니라며 스스로를 다독였어요.

　결혼 전에는 제 마음만 다잡으면 그만이었어요. 꿈조차 꾸지 않으니 현실에 순응하며 살았던 거죠. 그런데 그렇게 불편하지 않았던 일상이 아이를 키우면서 달라졌어요. 한창 엄마 손이 필요한 아이들을 어린이집에 던지듯이 맡겨놓는 상황이 너무 미안했어요. 늘 퇴근이 늦어 시간연장반에 아이들을 맡겼고, 어둑어둑한 교실 한편에서 식은 저녁밥을 먹는 아이들의 모습을 우연히 마주하고는 밤새 울음을 삼켰답니다.

결혼 14년 만에 내 집을 마련하면서 대출을 잔뜩 받았습니다. 텅 빈 통장과 대출 많은 아파트를 맞닥뜨리니 덜컥 겁이 났죠. 동시에 아이들과 돈 걱정 없이 행복하게 살고 싶다는 열망이 생겼습니다. 아들 셋을 키우면서 하루 11시간 일하는 엄마가 할 수 있는 것이라고는 책을 읽는 것뿐이었어요.

책에서는 하나같이 평범한 사람도 부자가 될 수 있다고 했어요. 밑져야 본전, 믿을 구석이라고는 책밖에 없었기 때문에 책에서 알려주는 대로 하나씩 실천했어요. 달리 방법이 없었으니까요. 책에서 해보라고 권하는 것들을 하나씩 실천하면서 저는 부자를 꿈꾸게 되었습니다. 드디어 목표가 생긴 거죠.

책은 참 신기해요. 책을 읽고 하나씩 실행하다 보니 돈이 없는데도 묘한 자신감이 생기더라고요. 늘 얼마 쓰지 못하고 접었던 가계부를 다시 쓰면서 지출을 통제하기 시작했어요. 예산을 세워도 매번 실패했는데 점점 예산대로 사는 게 가능해졌고요. 그렇게 모인 종잣돈으로 투자를 시작하게 됩니다. 바닥부터 하나씩 올라간 거죠. 높은 산이나 계단을 오를 때 보이지도 않는 꼭대기만을 생각하면서 '이걸 언제 올라가나' 하고 지레 걱정부터 하면 아무것도 할 수 없어요. 다음 발을 내디딜, 바로 앞에 놓인 계단만 생각하면 된답니다. 일단 꼭대기를 확인한 다음에는 고개를 숙이고 발 앞에 놓인 계단을 향해 한 발을 내딛으면 되는 거예요. 책을 읽고 해야 할 것을 하나씩 실천하니 방향과 방법이 보였어요.

막연히 돈이 많으면 좋겠다는 생각만 했다면 올라가다가 도로 내려갔을 거예요. 저는 오늘부터 반드시 부자가 된다고 생각했고, 부자에 대한 개념부터 정했어요.

책이나 강의에서 알려주는 것을 전혀 의심하지 않고 그대로 따라했고요. 돈이 한 푼도 없었기에 당장 주식이나 부동산에 투자할 생각은 하지 못했어요. 대신 목표를 세우고 부자에 대한 그림을 그렸지요. 제가 생각하는 부자란, 일하지 않아도 돈이 돈을 벌어오는 시스템을 가진 사람이에요. 그래서 일하지 않고도 한 달에 500만 원이 들어오면 좋겠다는 목표를 세웠습니다.

꿈조차 꾸지 못했을 때는 길이 보이지 않았어요. 언제까지 이렇게 살아야 할까 두려움도 컸지요. 당신이 지금 그런 상황이라면 나는 어떤 부자의 모습을 꿈꾸는지부터 그려보는 거예요. 목표를 세우고 나면 어떻게 해야 부자가 될 수 있는지 방법을 찾아보게 됩니다. '과연 부자가 될 수 있기는 한 걸까?' 이런 생각은 버리자고요. 꿈꾸고, 그림을 그리고, 목표를 설정해야 부자로 가는 길을 향해 운전대를 잡을 수 있어요. 우리는 우리가 생각한 대로 됩니다. 반드시!

돈보다 나 바로 알기가 먼저다

* * * * * * * * * *

돈을 모으려면 쓰지 말아야 한다는 것, 누구나 아는 사실입니다. 누군가는 돈도 잘 안 쓰고 잘 모으는데, 저는 그게 왜 그렇게 어려웠던 걸까요?

여러 가지 이유가 있겠지만, 가장 큰 이유는 나에 대해 잘 몰랐기 때문이에요. 저는 '나 바로 알기 3종 세트'의 답을 적으면서 돈을 덜 쓰고 모으는 방법을 찾을 수 있었어요. 거울 속의 나에게 다음의 질문을 던졌습니다.

거울 속의 나는 무엇을 좋아하나?
무엇을 잘하나?
부정적인 생각이 들거나 힘들 때 그 마음을 어떻게 풀고 있나?

어쩜 이렇게도 나를 모를 수 있을까 싶었어요. 처음에는 100개씩 적어보려고 했지만 10개도 못 쓰겠더라고요. 아이들이 뭘 좋아하고 잘하는지는 알면서 정작 내가 뭘 좋아하고 잘하는지는 들여다볼 생각조차 하지 않고 살아왔던 거죠.

내가 뭘 좋아하고 잘하는지도 몰랐고 몸이나 마음이 힘들 때 어떻게 풀어야 하는지도 몰랐기 때문에, 돈을 모으고 싶어도 지출을 통제하기 어려웠던 거예요. 갖고 싶은 게 있으면 장바구니에 하염없이 담았고, 몸이 힘들거나 마음이 텅 빈 것 같으면 나를 위한 선물이랍시고 망설임 없이 결제했던 거죠.

맹목적으로 재테크를 해야 한다고 생각했을 때는 어디서부터 시작해야 할지 감도 오지 않았어요. 마냥 힘

내가 좋아하는 것	내가 잘하는 것	몸과 마음이 힘들 때 해소 방법
혼자 아파트 단지 산책하기	계획 세우기	펑펑 운다
조용한 새벽에 커피 내리고 독서하기	양식 만들기	술을 왕창 마신다
빈 종이에 낙서하기	시키는 일 해내기	화장실에서 물 틀어놓고 소리지른다
조용히 혼자서 운전하기	청소하기	한강 보러 간다
한강 가서 물끄러미 물 바라보기	집안 물건 버리기	혼자 여기저기 돌아다닌다
혼자 영화 보기	정리하기	오는 전화 안 받고 잠수 탄다
남편과 대화하기	수건 각 잡아 개어놓기	사고 싶었던 물건 다 산다
아이와 단둘이 1박 2일 여행하기	설거지하기	아이들에게 사랑한다는 말을 듣는다
어항 보면서 멍때리기	약속 지키기	남편에게 속마음 털어놓는다
예쁜 노트나 필기구 사기	경청하고 맞장구치기	집안 가구 위치를 바꾼다

들고 지치기만 했죠. 나에 대해 알아가자 돈을 모으는 것이 어려운 이유, 사고 싶은 게 있으면 사야 직성이 풀렸던 이유를 찾을 수 있었어요. 이유를 찾으니 돈 모으기가 쉬워지더라고요. 나 바로 알기 3종 세트를 작성하면 돈에 대해서도 이해하기 쉬워지니 건너뛰지 말고 꼭 해보세요. 지금의 저는 각 질문에 100개의 답을 쓸 수 있는 사람이 되었답니다.

결국 제가 원한 건 행복하게 사는 것이었습니다. 앞으로 어떻게 살아야 행복할지 찾고 싶었어요. 그래서 지금까지 어떤 순간에 행복을 느꼈는지도 함께 적어보게 되었죠. 행복한 삶에 대한 답은 삶을 지탱해 줄 두 가지 축인 시간과 돈을 지켜준답니다. 지금 관리하지 못한 돈 때문에 앞으로 꿈꾸는 행복한 삶이 망가지지 않도록 지금의 돈을 통제하고 관리할 이유를 만들어줍니다. 나를 설득할 수 있는 이유가 명확하다면 지속적으로 움직이고 노력할 수 있게 되거든요.

바보야! 문제는 WHY야!

* * * * * * * * * *

막연히 돈이 많았으면 좋겠다고 생각한 적이 있었어요. 왜 돈이 많으면 좋을지 이유는 생각해 보지도 않았어요.

"나는 왜 부자가 되고 싶은 걸까?"

핵심은 WHY였어요. 돈이 왜 많으면 좋겠는지, 돈을 왜 모으고 싶은지, 재테크를 왜 하고 싶은지, 왜 열심히 일하고 싶은지. 종이에 '왜'를 써놓고 적어가기 시작했어요. 누가 명확히 답을 알려줄 수 있는 게 아니기 때문에 내 안에 있는 답을 찾아야 했어요. 결국 저는 행복한 삶을 원한다는 것을 알게 되었죠.

"앞으로 나는 어떻게 살아야 행복할까?"
지금도 늘 가슴속에 담아두고 있는 질문이에요. 여태껏 돈 쓸 때만 행복했거든요. 내가 어떤 순간에 행복을 느끼는지를 알아야 앞으로 어떻게 살지 알 수 있어요. 저는 하고 싶은 일을 할 자유, 하기 싫은 일을 하지 않을 자유가 주어지면 행복할 것 같았어요. 앞으로 아이들과 행복하게 살고 싶어서 지금 조금 덜 먹고 덜 쓰더라도 돈을 모으고 싶었습니다.

재테크를 시작할 때 6개월 동안 1,000만 원 모으기, 몇 년 안에 1억 모으기 같이 금액을 목표로 잡은 사람들을 많이 봤어요. 부러워서 따라해 봤지만 확 타올랐다 꺼지는 불꽃처럼 순식간에 사그라들었죠. 그 돈을 왜 모아야 하는지 이유가 없었거든요. 만약 6개월 뒤에 아이가 원하는 유럽 여행을 가기 위해 계획을 세우고 돈을 모으기로 했다면, 돈을 모으는 과정이 고생스럽더라도 행복할 수밖에 없겠지요. 그만큼 돈을 모으는 이유가 중요합니다.

저에게는 부자가 되고 싶은 5가지 이유가 있어요.

첫째, 남편을 60세 이전에 은퇴시키고 싶어요. 남편은 집이 가난해서 15살 어린 나이에 사회생활을 시작한 사람이기에 나이 들어서까지 일만 하면서 늙게 하고 싶지는 않았어요. 돈 때문에 일해야 하는 삶에서 하고 싶은 일을 하며 사는 삶을 선물해주고 싶어요.

둘째, 아프게 태어난 둘째 아이 때문이에요. 백일 무렵부터 고등학생이 된 지금까지 6번이나 수술대 위에 올랐던 아이. 앞으로도 수술을 더 받아야 해서 정신 차리고 돈을 모아야 해요.

셋째, 아이들이 하고 싶은 일을 마음껏 했으면 좋겠어요. 돈 때문에 하고 싶은 것, 배우고 싶은 것을 못 하게 되는 일은 없기를 바라는 것은 대부분의 부모들이 손에 꼽는 이유랍니다.

넷째, 노후 준비가 안 된 부모님 때문이에요. 시아버님이 1년 동안 투병하시면서 아내와 자식들에게서 버림을 받았어요. 친정 부모님도 노후 준비가 안 되어있기에 같은 상황이 벌어지는 것을 막기 위해서라도 부자가 되어야만 합니다.

다섯째, 시아버님이 겪은 일이 비단 아버님만의 일은 아닐 거라는 공포가 제일 컸어요. 내가 나이가 들어 아이들에게 짐이 될 일이 안 생긴다고 보장할 수 없잖아요. 돈이 사람을 그렇게 만든다는 것을 이미 겪은 걸요. 그런 일을 방지하기 위해서라도 저는 부자가 되어야만 합니다.

왜 부자가 되고 싶은지 가슴속 깊숙한 곳에 있는 자신만의 이유를 꺼내보세요. 저도 이유를 쓰기 전까지는 몰랐어요. 막연히 짐작만 했던 이유들을 밖으로 꺼내면 굉장히 절실해져요. 꾸준히 할 수 있게 해주는 힘은 바로 절실한 마음에서 나온답니다. 문제는 WHY였어요. 그 해답을 내 안에서 끄집어내는 순간, 여러분도 할 수 있는 사람이 됩니다.

오늘부터 나는
무조건 부자가 된다

✳ ✳ ✳ ✳ ✳ ✳ ✳ ✳ ✳ ✳

자동차에 시동을 걸고 나면 제일 먼저 무엇을 하나요? 저는 내비게이션에 목적지를 찍어요. 어디로 가야 할지 정하지 않고 무턱대고 출발하면 목적지에 도착하기 어려우니까요.

부자가 되고 싶다면, 돈을 많이 모으고 싶다면, 일단 부자가 되기로 결심하는 것이 먼저예요. 더 나아가 부자가 된 자신의 모습을 생생하게 떠올려 보세요. 내비게이션에 번지수까지 구체적으로 입력해야 도착할 수 있듯이 부자가 된 자신의 모습을 이미 이루어진 것처럼 선명하고 구체적으로 적어야 원하는 모습이 될 수 있어요. 구체적인 목표 금액을 적거나 살고 싶은 집의 주소를 적는 거죠. 저는 이것을 '자기 확언'이라고 이름 붙이고 아침저녁으로 소리 내어 읽었어요.

> 나는 ○○아파트 105동 1002호에서 살고 있다.
> 나는 그랜드카니발 리무진 자동차를 타고 있다.
> 나는 ○○ 지역 내 상가 3채를 가지고 있다.
> 나는 통장 잔고가 3억 원이다.
> 나의 월 자본 수입은 1,000만 원이 되었다.
> 나의 월 노동 수입도 1,000만 원이 되었다.
> 나는 아이들이 원할 때 항상 옆에 있어준다.
> 나는 베스트셀러 작가가 되었다.
> 나는 시간 관리, 돈 관리, 마음 관리 전문가다.
> 나는 경제적 자유를 이루었다.

저는 언력(말의 힘), 글력(글의 힘), 즉행력(즉시 실행의 힘), 이 세 가지의 힘을 믿어요. 내가 내뱉고 쓰는 말과 글은 제가 가장 먼저 듣고 보기 때문이죠. 좋은 말을 한다는 것은 자신에게 좋은 에너지를 주는 것과 같아요. 말로 내뱉고 글로 쓴 것을 실행하는 힘은 자신이 원하는 것을 이루기 위해 지금 당장 무엇을 하면 좋을지 계획하고 기어이 해낼 수 있게 해준답니다.

어떻게 하면 꿈을 이룰 수 있을지 고민하면서 많은 책을 읽었습니다. 저와 결이 맞는 책을 쓴 작가들을 찾아다녔고 강의도 들었죠. 강의장에서 배운 것을 실행하고 내 것으로 만들어갔어요. 주변에 알려주는 사람이 없어 막막해하던 예전의 저와 같은 사람들에게 도움을 주고 싶어 블로그에 경험한 내용들을 썼고 조금씩 저를 드러내게 되었죠. 그렇게 삶은 자연스레 자기 확언대로 흘러갔어요. 점차 제가 원하는 부자의 모습으로 나아가게 된 거예요.

시작점은 오늘부터 반드시 부자가 된다고 생각하는 것

부터였어요. 그리고 자기 확언에 쓴 모습처럼 살기 위해 여러 가지 방법들을 실행했어요. 그렇게 하다 보니 어느덧 자기 확언 10가지의 대부분을 이루게 되었어요. 그렇다고 그게 끝은 아니죠. 이루어진 소원들은 삭제하고 새로운 소원들을 추가하면서 계속해서 자기 확언을 업데이트하고 있어요. 저는 마감기한 없이 계속 성장하고 싶으니까요.

> 첫째, 나는 회사를 200억 가치로 키워 매각한다.
> 둘째, 나는 작가와 독자가 공존하는 도서관인 '글서관'을 개관한다.
> 셋째, 나는 광화문 교보문고에 평생글벗 작가들만의 공간을 만들어 정기적인 저자 사인회를 개최한다.

여러분은 어떤 모습의 부자가 되고 싶나요? 그 모습을 글로 쓰고, 말로 내뱉고, 실행한다면 여러분이 부자가 되는 역사는 바로 지금부터 시작됩니다.

가장 먼저 손대야 하는 우리집의 블랙홀

* * * * * * * * * *

 소비를 바로잡기 위해서는 내가 어디에 돈을 쓰고 있는지부터 들여다봐야 합니다. 가계부를 뜯어보고 불필요한 지출을 없애면서 돈 관리의 방향을 틀어야 해요.

 저는 가계부를 쓰지 않았기 때문에 신용카드 내역을 들여다보면 되겠다고 생각했습니다. 당시 3개의 신용카드를 쓰고 있었어요. 매월 카드대금 중 최소 비용만 결제하고 남은 카드값은 다음 달에 갚는 '리볼빙 서비스'

까지 이용할 정도였어요. 카드대금 200만 원 중 10만 원만 결제되게 정해두고 190만 원은 다음 달 결제로 넘기는 거죠. 다음 달이 되면 이월된 카드값까지 더해져 갚아야 할 카드대금은 엄청나게 불어나요.

그렇게 살아왔으니 카드 명세서를 들여다볼 용기가 나지 않았어요. 어떻게든 바꿔보겠다는, 여기서 끊어내지 않으면 이 가난을 아이들에게 물려줄 수밖에 없겠다는 절실한 마음이 없었다면, 끝까지 외면했을 거예요. 부자가 되어야 하는 5가지 이유가 명확했기에 그 어두운 면을 과감히 마주하기로 했어요.

3개 카드사에서 3개월 치 명세서를 뽑으니 두툼한 책 한 권 분량이 되더군요. 명세서를 뽑은 다음 형광펜을 들고 반복된 항목에 동그라미를 쳤습니다. 당연히 한 군데에서만 돈을 쓰진 않았겠죠. 또 다른 소비처는 다른 색깔로 표시했어요. 형광펜이 표시된 곳들이 내 돈을 쏙쏙 빨아들이던 블랙홀이었던 거예요. 그렇게 찾은 블랙홀은 크게 4군데였습니다.

첫째는 스타벅스예요. 첫째 아이가 5개월 정도 됐

을 때 남편이 아이를 안은 상태에서 커피를 쏟아 아이의 오른쪽 허벅지에 화상이 생겼어요. 그 이후 아이가 있을 때는 집에서 커피를 마시지 않았어요. 커피를 너무 좋아하는데 자유롭게 못 마시니 1주일에 5일은 스타벅스에 출근하다시피 했어요. 그렇게 쓴 돈이 1주일에 최소 2만 원이니 3개월이면 24만 원이 되네요.

둘째는 쿠팡이에요. 로켓 배송의 달콤함에 빠져 수시로 주문했죠. 쿠팡에 바친 돈이 3개월에 평균 200만 원은 넘었어요.

셋째는 중고 도서 사이트인 개똥이네예요. 저는 아이들에게 책을 사주기만 했을 뿐 피곤하고 귀찮다는 이유로 거의 읽어주지 못했어요. 그저 아이들에게 책을 많이 사주고 읽게 하면 좋은 엄마가 되는 거라고 착각하며 살았던 거예요. 그렇게 쌓인 책들을 넣을 곳이 부족해지면 쿠팡에서 책장을 지르는 악순환이 반복됐어요.

넷째는 편의점이에요. 가게와 집 사이에 위치한 편의점은 최강의 블랙홀이었죠. 거의 매일 편의점에 들러 1만 원 정도를 썼으니까요. 아이들도 어린이집에서 하원할 때면 으레 편의점에 들렀어요. 엄마를 보고 배웠으니까요. 명세서를 가득 채운 편의점 항목에 동그라미를 치면서 이것부터 바로 잡아야겠다고 굳게 다짐했어요.

이렇게 우리집의 블랙홀을 들여다보면 무엇부터 해결해야 하는지 방향을 잡을 수 있어요. 가장 먼저 손대야 하는 부분, 우리집 블랙홀만 제대로 잡아도 소비를 통제하고 돈을 관리하기 위한 시작을 할 수 있어요.

'돈 관리 좀 하고 싶다', '나도 진짜 돈 좀 모아서 지금의 삶을 바꿔보고 싶다', '부자가 되어야겠다'고 다짐했다면 애먼 데 가서 승능 찾지 말고 신용카드 내역 3개월분을 뚫어지게 쳐다보고 형광펜으로 표시해 보세요. 형광펜을 대는 순간부터 가계부를 바로잡을 수 있습니다.

비워야 비로소
통장이 채워진다

* * * * * * * * * *

돈을 관리하고 싶다면 정리정돈부터 하세요. 우리집에 켜켜이 쌓여있는 물건들은 공간을 불필요하게 차지하고 있어요. 일단 모든 물건을 한 군데에 꺼내 두세요. 그런 다음에 필요한 것과 필요 없는 것, 자주 쓰는 것과 최근 1년 동안 한 번도 사용하지 않은 것 등의 기준으로 구분합니다. 필요 없는 것과 1년 이상 사용하지 않았던 물건들은 과감히 비우세요.

저는 우리집이 좁다고 느꼈어요. 집이 좁은 게 아니라 물건이 많아서 그렇다는 것도 모르고요. 어쨌든 당장 넓은 집으로 이사를 갈 수 없기에 물건부터 비우기로 시작했습니다. 100리터짜리 쓰레기봉투를 여러 장 사와서 물건을 버렸고 1년 이상 사용하지 않은 옷, 주방용품과 아이들 용품을 중고 물건을 처분해 주는 업체와 중고 사이트를 이용해 처분했어요.

그렇게 물건을 비우니 공간이 살아났고, 여유로워진 공간에는 자주 사용하거나 가치 있다고 생각한 물건들로 그 쓰임이 다할 수 있게 채웠어요. 이렇게 하니 물건을 한눈에 볼 수 있어 편리해졌고, 가지고 있는 줄도 모르고 또 사게 되는 일도 줄었어요. 이때 가장 중요한 건 물건의 자리를 정해주는 거예요. 그 다음에는 가족들과 공유해 원칙을 지켜야 해요. 더불어 새로운 물건을 들이고자 한다면 가지고 있는 물건 2개부터 비우길 추천합니다. 새로운 물건을 들일 때는 그 물건의 자리까지 생각해두어야 정리정

돈된 모습 그대로 집을 유지할 수 있어요.

우리가 신경 써서 비워야 하는 공간이 또 있어요. 바로 냉장고예요. 냉장고를 정리할 때는 안에 있는 음식과 식재료들을 모두 꺼내세요. 오래된 식재료들은 과감히 버리고 남은 식재료들은 다시 자리를 정해서 보관하면 됩니다.

냉장고 문에는 냉장고 안에 무엇이 있는지 알 수 있게 한눈에 보여주는 냉장고 지도를 만들어 붙여두세요. 펜트리에 있는 식재료 목록도 함께 적어두면 좋아요. 냉장고 지도에 현재 있는 식재료들로 해먹을 수 있는 식단과 장봐야 할 항목을 적어둔다면 충동구매를 막을 수 있어요. 재료를 소진할 때마다 지도에서 항목을 지워나가면 몰라서 못 해먹는 재료는 없어진답니다. 이때 종이를 코팅하거나 L자 파일에 넣어두고 보드마카 등으로 지워나가면 냉장고 지도를 오래 사용할 수 있습니다.

물건들이 점령한 집에서 비좁게 사는 것보다 불필요한 물건을 정리해 공간을 살리면서 집을 좀 더 넓게 쓸 수 있다면, 물건이 차지했던 공간만큼 돈을 버는 것 아닐까요? 집안 공간과 더불어 식재료들의 무덤이라 할 수 있는 냉장고 공간을 살리면 식비의 낭비를 막을 수 있으니 그만큼 돈을 버는 효과가 생긴답니다. 무조건 비워야 살릴 수 있어요. 공간을 비우면 통장이 가득 차오릅니다.

돈 잡아먹는 양대 산맥, 보험과 대출

※ ※ ※ ※ ※ ※ ※ ※ ※ ※

중국집을 운영하다 보니 보험 설계사들이 자주 드나들었습니다. 보험 설계사들의 언변이 화려했기 때문에 직원들도 보험 한두 개 정도는 가입했고, 남편 역시 그렇게 가입한 보험이 상당히 많았어요.

제가 경제권을 가져오고 나서 보험 상품을 살펴보았어요. 깨알 같은 글씨로 된 약관을 살펴보려 했으나 도통 알 수 없었지요. 보험 리모델링, 보험 다이어트 등으로 검색해서 도와주겠다는 한 분을 만났습니다. 보험증권을 파악해서 꼭 필요한 부분만 남겨 주겠다더니 결국 모든 보험을 정리하고 본인이 취급하는 보험으로 갈아타라고 했어요. 그리고 이런 말도 덧붙였어요.

"사모님! 부부라고 해도 돈 관리는 따로 하셔야죠! 사장님은 괜찮다고 하는데 왜 사모님이 안 된다고 하시는 거예요?"

가지고 있는 보험을 다 정리하고 자기네 회사 보험으로 갈아타라는 말을 듣고 실망한 와중에 부부지간에도 돈 관리는 따로 해야 하는 거 아니냐는 말까지 들으니 더 이상 상대할 가치도 느끼지 못했답니다.

우리집 일을 남에게 맡기면 안 된다는 것을 다시 한번 느끼며 약관을 공부하기 시작했어요. 보험은 가입하는 순간 운영비에 해당하는 사업비를 뗀 나머지 금액만이 운용됩니다. 환급형의 경우 적립보험료에 해당하는 금액만 모아 만기 때 돌려주는 거라 저축의 성격이 약해요. 환급되더라도 가입하는 시기와 환급받는 시기에는 물가가 다르기 때문에 오히려 실질적으로 마이너스일 수 있죠.

책과 인터넷을 찾아보며 내 보험을 분석해봤죠. 생명보험, 화재보험, 암보험 등 기본적인 부분만 남겨두고 불필요하다 생각하는 특약을 정리했어요. 저축 성격과 결합된 저축보험은 보험 원래의 기능이 아니니 정리했고요. 여태껏 넣은 것을 아까워하지 않고, 앞으로 내야 할 보험료가 더 크다면 과감히 정리했어요. 차라리 그 돈으로 투자나 저축을 하는 것이 더 낫겠다고 판단한 거예요.

보험은 사교육과 더불어 공포를 먹고 자라는 산업이에요. 더군다나 아픈 사람으로 인해 경제적으로 어려웠던 경험이 있는 사람이라면 더욱 더 보험의 필요성을 절감할 거예요. 허나 생길지 안 생길지도 모를 리스크에 대비한다는 명분으로 여러 개의 보험에 가입할 필요는 없죠. 우리는 노후 대비도 해야 하고, 자녀 교육도 시켜야 하고, 내 집도 마련해야 하잖아요. 따라서 보험도 '선택'을 해야 합니다.

저는 결혼 14년 만에 내 집을 마련하면서 난생 처음 대출을 받았어요. 평소에 그 정도로 적금을 해왔기 때문에 충분히 갚아나갈 수 있다고 생각했는데, 막상 닥치니 막막하더라고요. 돈에 대해 제대로 공부해서 관리해야겠다고 마음먹게 된 것도 대출을 받은 이후였어요.

초창기에는 돈이 생기는 족족 갚았어요. 막내 아이의 맹장 수술로 받은 보험금도 대출을 갚는 데 썼을 정도였어요. 그러다 돈을 관리하기 시작하면서 생각이 바뀌었어요. 대출만 열심히 갚다 보면 나중에는 남는 것도 없을 뿐더러 목돈이 필요한 상황이 되면 추가 대출을 받아야 할지도 모르니까요. 그래서 대출도 갚고 종잣돈도 모으는 전략을 취했지요.

결과적으로 종잣돈을 따로 모았기에 부동산 상승기에 투자를 해서 자산을 불릴 수 있었어요. 집값이 올라 전체 대출금은 부담스럽지 않을 정도로 비중이 적어졌어요. 실물 가치의 상승이 곧 현금 가치의 하락을 뜻한다는 진리를 경험한 순간이었답니다.

가계부에서 돈을 잡아먹는 보험과 대출. '나에게 필요한 것이 무엇인가'에 대한 기준이 중요해요. 결국은 우리집 돈에게 물어보고 기준을 세워 재정비해야 합니다. 잘 모른다는 이유로 자꾸 숨지 마세요. 모르는 건 알아가고 막히는 부분은 뚫어가면서 직접 찾아야 내 돈을 지킬 수 있습니다.

돈 쓰면 무조건 적기 시작하자 생긴 변화

"버는 게 뻔한데 굳이 가계부 쓸 필요가 있나요?"

매일 가계부를 써야 한다고 하면 보통 이렇게 되묻습니다. 어차피 그 돈 벌어 그 돈 쓰는 거니 쥐어짜려고 해도 나올 구멍이 없다면서 손사래를 치죠. 저도 그랬어요. 장사를 하니 버는 게 일정하지 않아 돈 관리를 하고 싶어도 못 한다고요.

가계부를 쓰면 돈을 관리할 수 있다기에 맹목적으

로 시작했지만, 매일 가계부를 쓰는 건 고역이었어요. 결국 며칠 쓰다가 포기하고 맙니다. 가게 장부는 꼬박꼬박 쓰면서 유독 우리집 가계부는 왜 이리 쓰기 어려운지.

    그러다가 이유를 알게 되었어요. 가게에서는 장부를 항상 펼쳐두고 지출할 때마다 바로바로 장부에 적었던 거예요. 이거다, 싶었습니다. 돈을 쓸 때마다 무조건 적을 것, 저에게는 이게 맞겠다 싶었어요. 부르기 쉽게 '돈무적'이라고 이름 붙이고 돈을 쓸 때마다 중얼거렸습니다. 돈을 쓰는 순간 바로 가계부를 꺼내 적기로 했어요.

    역시 한 번에 되는 일은 없었습니다. 가게 장부는 항상 카운터 위에 펼쳐놓지만 생활비는 이동하면서 쓰는 경우가 많잖아요. 돈을 쓸 때마다 가계부를 꺼내 적는 게 여간 번거로운 게 아니었어요. 일단 가계부 크기를 줄여 손바닥만 한 수첩으로 바꾸었어요. 하지만 앉았다 일어났다 하거나 아이를 들쳐 업을 때 자꾸 걸리적거리더라고요. 어떻게 해야 하나 고민하다가 찾아낸 게 바로 스마트폰에 있는 가계부 앱이었어요. 돈을 쓰면 바로 '돈무적!' 주문을 외면서 앱을 열어 기록하니 간단했죠.

앱을 사용한 후 난생 처음으로 한 달 동안 가계부를 쓰는 데 성공하게 됩니다. 데이터가 쌓이니 비슷한 항목끼리 묶어 결산이 가능했고, 거기에 맞춰 다음 달 예산을 세울 수 있었어요. 처음에는 결산하는 데 시간이 꽤 걸렸지만 계속 하다 보니 저만의 방식이 생겨 시간이 단축되기 시작했어요. 매일 가계부를 쓰면 계속 돈에 관심을 둘 수밖에 없어요. 어디에 얼마를 쓰는지 내용을 들여다볼 수 있으니 돈을 관리하기 수월해지죠.

자영업자에게는 월급이 없으니 단계가 더 필요했어요. 가게가 집에게 월급을 줄 수 있게 시스템을 만들어야 했죠. 비어있던 은행계좌 하나를 허브 통장이라 이름 붙이고 가게 통장에서 가게 순 마진에 해당하는 돈을 아침마다 이체시켰어요. 그렇게 허브 통장에 한 달 동안 쌓인 돈은 월급이 되었답니다.

몇 달 동안 이 작업을 계속하니 평균 월급을 계산할 수 있게 되었고, 비로소 우리집의 월급 규모를 책정할 수 있었어요. 장사가 더 되거나 덜 되더라도 계산해낸 평균 월급 정도의 수준을 지키려고 했어요. 모든 돈을 가게 통장에서 지출해서 엉망진창이었던 현금 흐름을 집과 가게의 통장을 분리시켜 바로잡았답니다.

돈무적을 하니 지출도 조금씩 잡혀갔습니다. 돈 쓰는 재미로 살던 제가 돈을 모으고 불리는 맛을 알게 된 거죠. 매월 쓰는 게 비슷하다면 돈 관리할 필요가 없다? 그렇다면 여러분의 돈은 늘 뻔한 결과만 가져올 거예요. 뻔한 월급에서 다른 결과를 만들어내기 위해서라도 계속 돈에 관심을 가져야 해요. 사람의 의지에는 한계가 있어서 금세 잊기 쉽거든요.

말이나 생각만으로 관심을 가지려고 할 것이 아니라 가계부를 써야 돈에 대한 관심이 생기고, 관심을 두어야 내 돈이 잡힙니다. 환경이나 여건에 맞게 돈을 쓸 때마다 '돈무적'이라는 주문을 외워보세요. 내 돈에게 마법 같은 일이 생길 거예요. 돈무적하면 내 돈은 천하무적이 됩니다.

2장

간절할 때 시작하는

우리집 돈 관리

가계부로 부자 되는 WPS 법칙

* * * * * * * * * * *

"가계부를 쓰는 것만으로 부자가 될 수 있을까요?"

당연히 될 수 있습니다. 가계부조차 못 쓰던 제가 작게나마 돈을 모을 수 있었던 것이 가계부 덕분이에요.

돈을 관리하려면 돈을 어디에 어떻게 쓰는지 알아야 합니다. 방법은 간단해요. 한 달 동안 다른 것 신경 쓰지 말고 기록만 해보는 거예요. 한 달 동안 가계부를 적어 나만의 데이터를 잘 쌓아놓는다면 그것을 바탕으로 분류하고 버리고 나눌 수 있습니다.

가계부로 부자가 될 수 있는 방법은 의외로 간단해요. 어제 계획한 만큼의 돈을 오늘 쓰고, 오늘보다 내일 10원만큼이라도 더 돈이 많으면 부자가 된답니다. WPS 법칙이라고 이름 붙인 세 가지 원칙만 잘 지키면 누구나 가계부로 부자가 될 수 있어요.

첫째, 쓴다(Write).

저도 처음에는 인터넷에서 남들이 하는 건 다 따라 했어요. 화려하고 좋아 보이는 가계부 양식을 모두 받아서 따라 쓰려고 했지요. 하지만 잘하는 사람의 가계부를 따라하려니 벅차기만 했어요. 결국 며칠 만에 손을 놓게 됐어요. 처음부터 남들을 따라 예산을 세우고 아끼려고만 하니 제풀에 지친 거죠.

그래서 방법을 바꿨습니다. 어디에 얼마를 쓰고 있는지부터 알아보기로 한 거죠. 돈을 쓰면 무조건 적어보자면서 주문처럼 붙인 묘한 이름 '돈무적'은 이때부터 시작되었습니다.

습관이 잡힐 때까지는 꽤 시간이 걸렸어요. 다만

지치지 않으려 했죠. 돈을 쓰면 무조건 적을 수 있도록 최적의 가계부를 찾기 위해 시행착오를 거쳤고, 잘 쓰려고 하지 않았고, 자세하고 꼼꼼하게 적으려고 하지도 않았어요. 그저 돈 쓴 내용을 빠뜨리지 않고 적는 것에만 집중했답니다. 그렇게 한 달 한 달을 채워가다 보니 예전과 달리 가계부를 쓰는 게 힘들게 느껴지지 않았어요.

둘째, 세운다(Plan).
한 달 동안 가계부를 쓰니까 신기하게도 돈의 흐름이 보였어요. 얼굴이 화끈거렸죠. 안 쓰는 것 같은데도 왜 이리 돈이 안 모이나 싶었는데 어마어마하게 쓰고 다닌 제가 보였어요. 다시는 이렇게 살지 말아야겠다는 생각으로 보기 싫은 그 기록을 들여다보면서 분류를 하기 시작했어요. 생활비라는 큰 덩어리를 식비, 간식이나 외식비, 생활용품비, 내 용돈 등으로 분류하기 시작했죠. 각 항목마다 한 달 동안 얼마의 돈을 썼는지 더했어요. 이것을 결산이라고 해요. 그동안 이 작업을 참 많이 생략

하고 살았더라고요. 성적표 같아서 그랬나 봐요.

결산을 낸 항목들을 보면서 우리집만의 예산을 세웠어요. 예산의 출발은 다름 아닌 결산부터였던 거예요. 결산한 것 중에서 덤벼볼 수 있는 부분부터 다음 달 딱 2만 원만 줄이기로 예산을 세우니 진짜 내 것이 된 것 같았어요. 워낙 씀씀이가 헤펐기 때문에 2만 원을 줄이는 건 만만했어요. 일주일 내내 드나들던 스타벅스에 한두 번만 덜 가도, 일주일에 서너 번 사던 소고기를 한두 번만 줄여도 됐어요. 결산에서 시작해 다음 달 예산을 세워가니 드디어 우리집만의 예산이 탄생합니다.

셋째, 지킨다(Save).

200만 원을 쓰던 사람한테 다음 달에 100만 원만 쓰라고 하면 말도 안 된다고 펄쩍 뛸 거예요. 그런데 198만 원만 쓰라고 하면 충분히 할 수 있습니다. 기준선을 낮춰 다음 달을 시작하니 부담스럽지 않았어요. 살짝 욕심이 나서 다음 달 예산에서 10만 원을 줄여보았는데 그것도 크게 어렵지 않더라고요. 예산이 머릿속에 각인되다 보니 자연스럽게 늘 예산이 떠올랐어요. 점차 예산 안에서 돈을 쓰게 되었고 시간이 지날수록 예산의 목표치를 조금씩 줄여 생활하게 되었어요. 식비로만 200만 원 넘게 쓰던 우리집이 어느덧 한 달 생활비 80만 원으로 살게 된 거예요. 꽤 시간이 걸리긴 했지만 매월 2만 원씩만 줄여보자고 생각했기 때문에 가능했던 일이지요.

나 자신과의 약속을 지키는 횟수가 늘어나면 나도 할 수 있는 사람이란 믿음이 생긴답니다. 저는 무엇이든 꾸준히 하는 게 참 어려운 사람이라고 생각했는데 아니었어요. 그동안 방법을 몰랐던 거죠. 꾸준함의 원동력은 기록을 통해 우리집만의 예산을 세우고 과도한 목표를 설정하지 않았던 힘이었어요.

내가 세운 예산을 지키는 것은 자존감을 지키는 일이자 목표를 달성하게 해주는 힘이 되어준답니다. 쓰고 세우고 지키는 WPS 법칙만 철저히 지킨다면, 가계부를 쓰는 행위 하나만으로 부자가 될 수 있는 힘을 키울 수 있습니다.

우리집 머니 메뉴판 만들기

* * * * * * * * * *

식당에 주문을 하려면 메뉴판을 봐야 합니다. 손님은 메뉴판을 통해 예산과 기호에 맞는 음식을 결정하고 주문합니다. 메뉴판에 먹고 싶은 음식이 없다면 다른 식당을 찾아가야죠.

우리집 돈도 마찬가지예요. 돈이 어디에 얼마나 있는지, 제대로 굴러가고 있는지, 어디에서 새고 있는지를 한눈에 들여다볼 수 있게 정리해야 합니다. 저는 이를 '머니 메뉴판'이라고 불러요. 제 돈을 훤히 들여다볼 수 있는 돈의 메뉴판이 보기 쉽게 정리되어 있어야 내 돈에게 알맞은 주문을 할 수 있어요.

머니 메뉴판을 만드는 방법은 다음과 같아요.

먼저 적금통장에 있는 돈을 모두 더해요. 그리고 가족들의 보험료를 계산합니다. 매월 내는 보험료는 언제까지 내는지, 보험의 효력은 언제까지인지도 적어봅니다. 예금은 얼마 정도 있는지도 기록해야죠. 크고 작은 대출도 놓치면 안 돼요. 주택담보 대출부터 카드대금까지 모조리 다 열어봐야 합니다. 현재 살고 있는 집의 매매가나 보증금도 표시하세요. 주식을 가지고 있다면 주식 종목과 살 때의 가격, 그리고 현재 가격과 보유하고 있는 전체 주식의 평가금액도 모두 적어보는 거예요. 이렇게 하면 우리집 곳곳에 위치한 모든 돈을 한눈에 볼 수 있게 정리해둔, 우리집의 머니 메뉴판이 완성됩니다.

가장 중요한 것은 순자산이에요. 순자산이란, 가지고 있는 모든 돈에서 대출을 뺀 금액을 말합니다. 대출이 더 크면 순자산은 마이너스가 되죠. 최소 3~6개월, 때로는 1년마다 머니 메뉴판을 새로 작성해서 순자산이 늘고 있는지 줄고 있는지 비교해봐야 해요. 만약 순자산이 늘었다면 어디에서 늘었는지 찾아서 유지하고, 순자산이 줄었다면 어디에서 줄었는지 찾아내서 보완합니다.

지출이 늘어 순자산이 줄었다면 경각심을 가지고 지출을 줄여야겠지요. 카드대금이 늘어났을 경우를 떠올려보면 이해하기 쉬워요. 주식이나 부동산 가격이 하락해 순자산이 줄었다면 투자한 주식과 부동산의 가치를 다시 판단해봐야 해요. 시장은 괜찮은데 본인이 보유한 것들만 문제라면 투자를 잘못한 경우니 정리해야죠. 시장의 흐름이나 외부 상황으로 인해 주식이나 부동산 시장 전체가 좋지 않은 거라면 잘 알아본 뒤에 추가 매수의 타이밍으로 생각해도 좋을 거예요. 시장의 흐름이나 외부 상황은 시간이 지나면 해결되어 다시 원래 자리로 돌아올 수 있거든요.

머니 메뉴판은 지금 가는 길이 올바른지를 보여주는 가

장 중요한 자료예요. 처음으로 돈 공부를 시작했을 때만 해도 내가 제대로 가고 있는지 의심스러울 때가 많았지만, 머니 메뉴판을 만든 다음부터는 내가 제대로 나아가고 있음을 알게 되었어요.

가장 중요한 건 남과 비교하지 않는 거예요. 지금 제대로 공부하고 있는지를 판단하려면 나 자신과 내 돈에게 직접 물어봐야 해요. 내가 돈에게 묻는 질문과 고민에 대해 머니 메뉴판은 데이터로 명확히 보여줍니다.

머니 메뉴판 속 숫자들의 변화는 저를 돈의 주인으로 우뚝 서게 해줬습니다. 머니 메뉴판을 꾸준히 작성해 시기별로 비교해 보며 내 돈의 흐름을 파악한 덕분에 부자가 되기 위해 나선 길을 의심하지 않게 되었고요. 내 돈에게 자신감을 심어주면 돈은 시간을 먹고 자라 더 큰 수익으로 보답해 준답니다. 머니 메뉴판은 우리의 머니 체력을 강하게 만들어주는 도구가 될 거예요.

고정 지출과
변동 지출 구분하기

* * * * * * * * * * *

　돈의 흐름을 파악하기 위해 가계부를 쓰다가 신기한 사실을 발견했어요. 지출은 크게 고정 지출과 변동 지출로 나누어진다는 거예요.

　고정 지출은 매월 일정하게 지출하는 금액이에요. 한 달에 한 번 혹은 분기나 반기에 한 번 나가는 비용이죠. 크기가 일정해서 미리 예측할 수 있기에 사전에 대비할 수 있는 지출이기도 해요. 비교적 덩어리가 큰 편이라 가계부에서 가장 큰 비중을 차지하고 있을 거예요. 숨만

쉬어도 나가는 돈인 거죠.

변동 지출은 매월 변하는 금액이에요. 상황이나 여건에 따라 고무줄처럼 늘었다 줄었다 하기 때문에 예측하기가 힘들고, 가정마다 금액의 크기도 달라요. 이 말은, 남들과 다르다고 해서 무조건 내가 돈을 잘못 쓰고 있는 건 아니라는 뜻이에요.

처음에는 가계부에서 큰 비중을 차지하고 있는 고정 지출부터 줄여보려고 했어요. 하지만 고정 지출의 특성상 일정한 기간마다 정해진 금액을 내야 하는 상황이 많기 때문에 줄일 곳이 보이지 않았죠.

할 수 없이 방향을 틀어 변동 지출부터 줄이기로 합니다. 변동 지출에는 생활용품비, 용돈, 의료비, 의류비, 문화여가비 등이 들어가요. 다 예측하기 어려운 부분이고 어느 정도 써야 맞는지 기준도 없죠. 그동안 소비마녀로 살다가 남들처럼 쓰려고 하니 버거웠어요. 내 그릇 자체가 단단하지 못한데 그 안에 무언가를 마구 담으려 하니 그릇 자체가 부서지게 생긴 거죠.

이것이 우리집만의 가계부가 필요한 이유입니다. 남들의 생활비를 기준으로 맞추면 실패할 수밖에 없어요. 먼저 우리집만의 데이터부터 쌓아가야 해요. 일단 3개월 동안의 통장과 신용카드 내역을 모두 출력합니다. 통장거래 내역은 고정 지출을 파악하는 데 도움이 되고, 신용카드 내역에서는 변동 지출 내역들을 확인할 수 있거든요. 요즘에는 현금을 많이 쓰지 않기 때문에 카드 내역을 살펴보는 것이 좋아요.

2가지 색상의 형광펜을 준비해서 고정 지출과 변동 지출을 표시합니다. 그렇게 표시한 내역들을 합산하면 고정 지출과 변동 지출의 총비용이 나와요.

다음에는 5가지 색상의 볼펜을 준비하고 색상마다 이름을 정해줍니다. 성격이 비슷한 것들끼리 묶어보면 항목이 정해집니다. 고정 지출에서 초록색은 교육비, 빨간색은 대출, 보라색은 공과금, 파란색은 보험료, 주황색은 관리비로 표시했어요. 고정 지출 항목에 따라 색상의 개수는 줄어들거나 늘어날 수 있어요. 각 색상에 해당하는 비용들을 동그라미, 네모, 별표 등으로 표시해서 같은 것끼리 더하면 고정 지출의 분류와 항목, 그리고 3개월 합산 금액이 나와요. 그 금액을 3으로 나누면 월 평균 금액이 나온답니다.

변동 지출에도 색상과 이름을 붙입니다. 분홍색은 생활비, 초록색은 병원비, 파란색은 의류비, 보라색은 문화여가비 등. 이 또한 항목이 많으면 색상의 개수는 늘어나겠죠. 변동 지출에서 같은 색과 도형으로 표시된 금액을 합산하고 3으로 나누면 변동 지출 한 달 평균금액이 계산됩니다.

이렇게 하면 대략적으로나마 가계부의 전체 규모에 대해 파악해볼 수 있어요. 이후 가계부를 쓰면서 좀 더 정확하게 데이터를 쌓아가면 우리집 가계부의 한 달 평균치를 잡을 수 있어요. 한 달 데이터를 근거로 다음 달 예산을 잡아간다면 조금은 예측 가능하며 관리하기 쉬운 가계부가 됩니다.

이 작업을 제대로 해나가면 자연스럽게 통장 나누기도 가능해져요. 아무것도 없는 곳에서 뼈대를 세우는 것이 아니라 있는 재료들을 잘 나누고 모아 우리집에 맞는 가계부의 뼈대를 세우는 방법이랍니다.

처음에만 제대로 해두면 우리집만의 가계부 시스템은 무너지지 않습니다. 돈을 관리하게 되면 내 돈에게 일을 시킬 수 있어요. 돈에게 일을 시켜놓고 잘하고 있는지 관리하고 감시하면 그만인 거예요. 다음 달은 어떤 부분에서 돈에게 일을 시킬까 하는 행복한 고민을 할 수 있어요.

내 마음대로 돈이 흘러가는 순간 돈 관리에 재미가 붙고 흥미가 생기게 되어 지출을 통제하고 돈을 모아가려는 나를 잘 도와줄 수 있어요. 돈 쓰는 맛만 알던 제가 돈을 모으고 불리는 재미를 알아간 것 또한 가계부를 꾸준히 쓸 수 있게 해준 하나의 원동력이 되어주었답니다. 일단 시작하세요. 여러분도 그 재미를 느낄 수 있습니다.

우리집 적정 생활비는 얼마일까?

* * * * * * * * * *

　제가 지출을 통제하지 못했던 이유는 크게 두 가지였어요. 무조건 쓰지 말자고 생각한 것, 그리고 한 달에 얼마의 돈을 써야 하는지 기준이 없었던 거였어요.

　처음 가계부를 쓸 때는 예산 자체가 없었어요. 평소대로 돈을 쓴 내역을 적었을 뿐이에요. 그런 다음 한 달 동안의 금액을 항목대로 합산해서 금액을 뽑아냈죠. 그렇게 정확한 금액을 기준으로 해서 다음 달 예산을 세울 수 있었어요.

만약 가계부를 꾸준히 써본 적이 없다면 앞서 다룬 것처럼 신용카드 내역서부터 시작해 한 달 평균 지출 금액을 들여다보는 것부터 출발하면 좋겠어요. 한 달 평균 생활비를 알면 생활비 예산을 잡고 예산에 맞게 생활비를 쓰려고 연습하기만 하면 되거든요. 첫 달은 정확한 금액으로 시작하는 달이 아니니 우리집만의 적정 생활비가 아닐 수 있어요. 허나 우리가 생활비 예산 안에서 쓰려는 시도를 계속하면 서서히 돈을 통제할 수 있게 됩니다.

처음 돈 관리를 시작한다면 통제 가능한 항목부터 손을 대는 것이 좋아요. 저는 '한 달 생활비 예산을 잡고 예산 안에서 지출을 통제하는 것에 도전한다'는 뜻으로 생활비를 '도전 지출'로 정했어요. 가계부를 쓸 때는 도전 지출의 예산이 얼마나 남았는지 아는 게 중요해요. 생활비로 돈 쓴 내역이 있다면 전날 남은 생활비 예산에서 오늘 생활비로 쓴 금액을 빼서 남은 생활비 예산을 가계부 남은 예산 칸에 기록하면 예산 안에서 쓰려는 노력이 조금 더 빛나게 돼요.

결산도 중요해요. 결산은 매일 해줘야 해요. 데일리 결산을 해야 그날 지출에 대한 피드백도 할 수 있거든요. 결산을 할 때는 전체 금액을 합산하는 것보다 도전 지출과 도전 외 지출의 합을 따로 내는 것이 좋아요. 도전 지출은 생활비에 대한 지출 내역이고, 도전 외 지출은 생활비가 아닌 곳에 돈을 쓴 것을 말한답니다.

매일 결산을 하면 일주일 결산도 쉬워져요. 일주일 동안 쓴 내역 중 비슷한 항목끼리 묶어 일주일 전체의 합계를 내요. 일요일 오후 딱 15분만 시간을 내어 주간 결산을 해보세요. 주간 결산 4~5번만 하면 한 달 결산을 뚝딱 할 수 있을 거예요.

이때 항목별로 쓴 금액만 합산하고 끝내면 안 돼요. 반드시 피드백도 해야 하죠. 매일 결산, 주간 결산, 월 결산을 할 때 다음에 좀 더 나아지기 위해 무엇을 하면 좋을지 간단하게라도 적어보는 거예요. 지출한 사실 자체에 대한 반성보다는 더 나아진 모습을 만들기 위한 생각이어야 해요. 반성만 자꾸 하다 보면 죄책감에 사로잡혀 돈과 친해지기 어려워집니다.

예산을 세울 때는 통제할 수 있는 항목을 정해야 해요. 보통 생활비나 식비, 생활용품비 등이 해당되죠. 예산을 세울 때 고정 지출 부분은 결산 그대로 예산을 잡고 변동 지출 부분에서는 결산 금액에서 2만 원만 줄인 금액을 다음 달 예산으로 잡아요. 만약 이번 달에 생활비로 95만 원을 썼다면 다음 달 생활비 예산은 93만 원으로 세우고 도전 지출 또한 93만 원 안에서 살 수 있도록 지키면 됩니다.

이제 예산을 잘 지키면 됩니다. 예산에서 남길 생각은 하지 않아요. 예산은 그 달에 모두 소진합니다. 괜히 남기려고 했다간 나중에 터질 수 있거든요. 예산 안에서 살아야 한다는 것을 아는 것과 실제 예산 안에서 사는 것은 달라요. 보통은 예산을 세울 때만 반짝하고 나중에는 예산 상관없이 돈을 쓰며 살지요. 우리의 뇌가 아직 예산을 인지하지 못하기 때문에 예산대로 사는 연습을 해주면서 우리의 뇌와 예산을 동기화시키는 작업부터 해야 해요. 예산과 동기화된 두뇌는 점차 예산의 눈치를 보며 초과하지 않게 해준답니다. 뇌가 반발하지 못하도록 주어진 예산은 그 달에 다 쓰되, 다음 달 예산을 세울 때마다 2만 원씩 낮춰가면 예산을 지키는 게 가능해진답니다.

점차 예산 안에서 살아가는 것을 성공하게 되면 2만 원씩 낮추던 예산을 5만 원, 10만 원씩 낮출 수 있게 됩니다. 저는 이 방법으로 5인 가족의 한 달 생활비를 100만 원 아래로 낮출 수 있었어요. 2019년에는 70만 원으로 부족하지 않게 먹고살았고 지금은 물가가 많이 올라 90만 원의 예산으로 살아가고 있어요. 한 달 식비로만 150만 원가량을 쓰던 2017년의 저로서는 상상조차 못했던 일이죠. 예산에 맞춰 살아가는 연습을 하다 보니 지출을 통제할 수 있게 된 거예요. 급하게 생각하지 않고 시간을 들여 천천히 예산을 내 것으로 만들어갔기 때문에 심리적 저항선을 지킬 수 있었답니다.

예산을 세울 때는 현재 내 돈의 모습을 있는 그대로 보는 것, 즉 결산부터 시작해야 해요. 그래야 실현 가능한 다음 달 목표가 생기거든요. 예산대로 살아가는 경험을 여러 번 하다 보면 결국 돈에게 일을 시키는 것도 가능해집니다.

처음에는 도전 지출 영역, 즉 생활비 안에서만 통제했지만 결국 가계부 전체, 우리집 한 달 월급을 관리할 수 있게 된답니다. 그러니 결산부터 한 다음에 예산을 세우세요. 우리가 세운 예산 안에서 살 수 있도록 우리가 설정한 생활비 예산으로 한 달 살기에 도전하면 그만이에요. 스스로 월급을 관리하고 통제하기 위해 시작할 수 있는 강력한 방법이 되어줄 겁니다. 우리집만의 적정 생활비를 정해서 잘 지킨다면 그만큼 돈을 관리할 수 있는 힘과 용기가 생깁니다. 여기서부터 시작인 거죠.

작심삼일 대마왕도 쓰는 머니 플랜 데이

작심삼일 대마왕이었던 제가 8년 동안 가계부를 꾸준히 쓸 수 있었던 이유는 무엇일까요?

저는 가계부는 못 썼지만 가게 장부는 잘 썼어요. 당시 남편에게 검사를 받아야 했기 때문에 잘할 수 있었던 거예요. 저에게는 검사 시스템이 절실했는데 남편한테 가계부를 검사해 달라고 할 순 없는 노릇이었어요. 그때 제 눈에 들어온 건 옹기종기 모여 웃고 떠들던 아이들이었습니다. 저는 첫째와 둘째에게 덜컥 약속을 합니다.

"엄마가 이제부터 너희들에게 한 달에 한 번 가계부를 보여줄 거야. 너희들이 엄마 이야기 좀 들어줄래?"

아이들은 왜 알아듣지 못하는 말을 들어야 하냐며 싫어했어요. 어떻게 하면 아이들이 제 이야기를 들어줄 수 있을지 고민했죠. 억지로 하라고 하면 싫어하니까 아이들이 혹할 만한 조건을 제시해야 했어요.

"엄마가 매월 말일에 너희들에게 치킨을 시켜줄게. 우리 그날을 치킨 먹는 날로 할까? 대신 치킨 먹으면서 엄마 이야기를 들어줘."

아이들은 엄마의 이야기에 관심이 없었어요. 오로지 한 달에 한 번 치킨 먹는 날이 생긴다니 신이 났죠. 돈을 모으겠다고 작정하면서 배달 음식을 딱 끊었기 때문에 충분히 혹할 만한 조건이었답니다. 그렇게 우리집에는 한 달에 한 번, 월말이면 치킨 2마리가 배달되기 시작합니다.

치킨이 오면 아이들은 자연스럽게 식탁 앞에 앉았어요. 아이들이 치킨을 먹는 동안 저는 노트북과 출력물을 보면서 아이들에게 가계부 결산 내역을 설명했죠. 물론 아이들이 알아들을 리 없었죠. 남편은 소파에 누워 TV나 보겠다며 손사래를 쳤습니다. 가게 운영만 해도 머리 아픈데 집에서까지 가계부 이야기를 해야 하냐면서요.

그러거나 말거나, 듣거나 말거나. 아무도 이해하지 못해도 좋았어요. 아이들에게 한 약속이니만큼 지키고 싶었어요. 아이들에게 가계부 내용을 말하려면 반드시 결산을 해야만 했어요. 결산을 하려면 가계부를 빠짐없이 적어야 했고, 저축한 내용들과 한 달 순자산도 계산해야 했죠.

나중에는 제가 챙기지 않아도 아이들이 월말이면 치킨 먹는 날이라고 좋아하는 통에 서둘러 가계부를 들춘 적도 있어요. 지나고 보니 아이들과 치킨 먹는 날을 만든 것이 저에게 하나의 시스템이 되어준 거예요. 환경을 설정해 버린 거죠. 가계부를 쓸 수밖에 없도록.

그런 나날들이 계속되다 보니 아이들의 귀도 트이게 되었는지 어느 순간부터 이것저것 물어보기 시작했어요. 멀찍이 떨어져서 TV만 보던 남편도 조금씩 제 이야기에 관심을 보였고 급기야는 이전 결산일에 했던 이야기에 대해 질문을 하기도 했어요. 그렇게 시간이 흘러 식탁 앞에 다섯 식구가 모두 모였을 때는 세상을 다 얻은 것 같았어요. 드디어 남편이 변한 거예요. 여전히 적극적으로 임하진 않았지만 출력물을 유심히 쳐다보기도 하고 설명하는 내용에 대해 궁금한 것을 물어볼 정도로 바뀌었어요.

저는 결산일에 '머니 플랜 데이'라는 이름을 붙였어요. 그 시간에는 가계부 결산뿐 아니라 투자 내역과 수익률, 투자한 항목에 대한 토론, 차후 제가 원하는 삶에 대한 목표와 비전, 그리고 플랜까지도 가족과 공유하고 이야기를 나누었어요. 시간과 공간을 함께 공유한다는 것은 큰 힘이 되어주었어요.

제 이야기에 귀를 기울이던 아이들은 투자에도 관심을 보이고 돈 관리에 대해서도 조금씩 스며들듯 이해

하게 되었어요. 어느새 아이들에게 경제 교육을 하는 것이 가능해졌고, 아이들도 나름의 저축과 투자를 하게 되었죠. 제법 자란 막내 아이도 귀를 열고 들어주었어요. 더불어 기관에서 경제교실이 열리면 선뜻 따라나서기도 했답니다. 아이들은 제가 하는 이야기를 들으면서 돈이 돈을 벌어오는 구조를 간접적으로나마 접했지요. 이제 성인이 된 첫째 아이는 능력만큼 일하고 돈을 벌어 일정 부분은 저축과 투자를 하고, 나머지로 스스로에게 필요한 것을 해결하며 자신의 꿈과 목표를 위해 열심히 살아가고 있답니다.

이 글을 읽는 여러분도 배우자, 자녀들과 돈에 대해 솔직하게 이야기하는 시간을 만들어보세요. 앞으로 여러분이 꿈꾸는 삶에 대한 목표나 비전, 플랜 등을 공유하며 같은 곳을 바라보는 가정으로 만들어갈 수 있답니다.

처음에는 가족들이 싫어하거나 거부할 수 있어요. 하지만 그때 그 순간만, 아직 진심을 알아주지 못해서일 뿐 열심히 번 돈을 잘 관리해서 좀 더 나은 삶을 살자고 하는 노력을 알아줄 겁니다. 내가 왜 이런 노력을 하는지, 내가 어떤 삶을 그려가고 있는지 등 우리 가정의 미래에 대해 충분히 이야기를 한다면 부부와 자녀 모두에게 참 좋은 시간이 될 거예요. 가족이란 단순히 밥만 같이 먹는 사이는 아니잖아요. 시간과 공간을 공유하고 행복하게 살아갈 수 있도록 서로 도와주고 힘이 되어주는 가장 가까운 존재잖아요. 행복하게 살기 위해 이렇게 노력하는 건데 무조건 싫다고 할 사람이 어디 있겠어요? 머니 플랜 데이, 오늘부터 1일! 어때요?

나의 카후 소득
바로 알기

* * * * * * * * * * *

카후 소득이라는 말을 들어보셨나요? 카후 소득이란, 우리집 월급에서 카드값이 빠져나간 뒤 남는 돈을 말해요. 0원일 수도 있고 마이너스일 수도 있겠죠. 신용카드가 없다면 카후 소득은 월급 그 자체가 될 거예요.

신용카드는 지출 통제에 있어서 거대한 장벽이기 때문에 없애는 게 맞아요. 아니, 없애야 합니다. 하지만 쉽지 않지요. 지금부터 신용카드를 없애야 하는 이유를 살펴볼게요.

첫째, 가계부 흐름이 엉키기 때문이에요. 카드로 결제하면 지출을 한 날과 돈이 빠져나가는 날이 달라 흐름이 꼬이게 돼요. 카드값이 나간 다음에는 돈이 없어서 다시 카드를 쓰는 악순환이 반복되고요.

둘째, 절제하기가 참 어렵기 때문이에요. 카드를 쓰는 경우 지출로 인한 고통이 작은 편이에요. 쓰고 나서 갚는 방식이기 때문에 당장 내 지갑에서 돈이 나간다는 느낌이 안 들죠. 카드대금 고지서를 받으면 별로 쓴 것 같지도 않은데 모아놓으니 꽤 큰 금액이라는 사실에 충격 받은 경험이 다들 한 번쯤은 있을 거예요. 우리의 뇌가 쓸 수 있는 예산을 인지하고 있어야 하는데 지출하고 나서 남은 예산에 대해 깜깜이로 작용해 버리니 돈은 순식간에 우리의 통제권을 벗어나는 거죠.

셋째, 소비가 습관이 되기 때문이에요. 카드가 있으면 당장에 돈이 없어도 일단 사게 되죠. 마트에서 가격표를 보지도 않고 마구 장바구니를 채웠던 것도 카드 때문이었어요. 나중에는 아이들에게 돈이 없어서 못 산다고 말했더니 아이들이 카드로 사면 된다고 떼를 쓰더군요. 아이들에게만큼은 물건은 돈을 모아서 사는 것이라고 알려주어야 해요.

이렇게 세 가지 이유 때문에라도 신용카드를 없애야 해요. 신용카드가 없어야 돈을 모을 수 있어요. 카드값이라고 하지만 엄연히 말하면 기간이 짧은 빚이에요.

신용카드를 없애지 못하는 이유로 자주 언급하는 것이 바로 연말정산 소득공제예요. 카드로 쓴 금액을 연말 정산할 때 돌려받는 건데, 쓰고 돌려받는 것보다 안 쓰는 게 훨씬 도움이 되지 않을까요?

연말정산용 소득공제는 연간 신용카드 사용액이 본인 연봉의 25% 이상일 때 가능해요. 예를 들어 연봉 1억인 사람은 1년 동안 2,500만 원 이상을 신용카드로 결제하면, 신용카드 사용액의 15%를 돌려받을 수 있어요. 연봉 1억 원인 A씨가 1년에 3,000만 원, 즉 월 평균 250만 원의 신용카드를 썼다면 단순히 산술적인 계산을 했을 때 연말정산 시 75만 원을 돌려받게 되는 셈이에요. 다만 세금 환급액이 아니라 과세표준에서 공제되는 금액이기 때문에 세율에 따라 환급액은 그보다 훨씬 줄어들게 되죠. 현금영수증이나 체크카드의 경우는 사용액의 30%를 돌려준다고 하니 신용카드보다는 낫다고 할 수 있어요.

극단적인 예로 연봉 1억 원인 A씨가 연 3,000만 원의 신용카드를 쓰는 대신 짠테크를 통해 1년 동안 1,000만 원, 즉 월 평균 83만 원 정도만 쓴다면 비록 소득공제를 받지 못해도 2,000만 원을 안 쓴 셈이니 이게 더 나은 게 아닐까요? 아낀 2,000만 원으로 10%의 수익률이 나는 투자를 한다면 단순히 계산해도 200만 원 이상의 수익이 생기는 거죠. 소득공제 때문에 카드를 쓰면 75만 원이 생기지만 카드를 안 쓰고 아끼면 2,200만 원이 생기는 거예요. 극단적인 계산이지만 카드를 안 쓰는 것이 최고의 이득이라는 것은 분명한 사실이랍니다.

그렇다고 무작정 신용카드를 없애버리면 이내 재발급을 받거나 새로 만들게 될 수 있어요. 신용카드를 없애려면 다음 5단계를 거치세요.

첫째, 지출 규모를 정확히 파악해요. 우리집이 한 달에 돈을 얼마나 쓰는지 파악하고 있어야 신용카드가 없더라도 예산을 세워 다시 카드 만드는 것을 방지할 수 있어요.

둘째, 한 달 예산을 체크카드에 넣고 그것만으로 살아보는 거예요. 그동안 무턱대고 질러왔다면 반드시 이 연습이 필요합니다. 아직 우리의 뇌는 예산의 눈치를 보지 않기 때문이죠.

셋째, 3개월 동안 예산을 점차 줄여가세요. 체크카드에 있는 예산을 의식하기 시작했다면 최소 3개월 동안은 예산을 조금씩 줄이면서 연습해야 해요. 연습해서 익숙해져야 신용카드에 손을 뻗치지 않게 됩니다.

넷째, 신용카드 할부, 리볼빙이 있다면 일단 갚으세요. 할부나 리볼빙 잔액이 있으면 카드를 해지할 수 없어요. '다시 신용카드를 쓰면 사람도 아니다'라는 강력한 의지로 모두 갚아버립니다. 당연히 고통스러울 거예요. 이 고통은 한 번만 느끼고 끝내면 됩니다.

다섯째, 카드를 자르고 카드사에 탈회 신청을 하면서 내 정보를 모두 지워달라고 요청하세요. 탈회하기 전

쌓인 포인트가 있다면 다 써버리세요.

저는 매월 카드값만 200만~300만 원을, 남편도 200만 원 이상을 냈던 사람이었어요. 카드를 없애고 지출을 통제하기 시작하니 카드값으로 나가던 돈이 고스란히 저축으로 전환되었습니다.

아마 여러분도 알 거예요. 신용카드를 없애야 가정경제에 도움이 된다는 것을요. 알면서도 하지 않을 뿐이죠. 불편하다거나 혹시 모를 상황에 대비해야 한다는 이유로 우리 자산을 우리 손으로 태워 없애고 있었던 거죠. 여러분의 카후 소득을 0원으로 만들고 싶나요? 아니면 월급 그대로를 남기시겠어요? 여러분의 선택만이 답이 되어줄 겁니다.

샀다 치고, 했다 치고, 먹었다 치고!

✳ ✳ ✳ ✳ ✳ ✳ ✳ ✳ ✳ ✳

돈을 안 쓰고 싶은데 마음대로 되지 않죠? 지출 통제가 어려운 이유는 결핍을 충족시키고 싶은 욕구 때문이에요. 변화가 두려운 것도 예측 불가능한 상황을 방지해야 한다는 본능이 앞서서 그렇고요.

지출은 나에게 부족한 부분을 채우기 위한 것과 돈을 맞바꾸는 행위예요. 우리가 돈을 쓰는 이유는 필요해서예요. 필요는 욕구거든요. 가치관에 따라선 불필요한 지출일 수 있지만 정작 돈을 지불하는 당사자는 욕구가 채워지길 원하기 때문에 불필요하다고 생각하지 않아요. 우리는 쓰고 싶은 만큼 충분히 돈을 벌지 못하기 때문에 사고 싶은 게 생겨도 참을 수밖에 없어요. 또 미래보다 현재에 더 가치를 두는 사람은 지금 참아야 한다는 것이 불합리하다고 생각할 수도 있어요.

그래서 지출을 통제한다는 것은 생각보다 꽤 복잡하고 어려운 문제예요. 가치관과 삶에 대한 태도까지도 바꿀 수 있어야 비로소 지출을 통제할 수 있답니다. 아끼고 모아야겠다고 다짐하고 이 책을 읽는 여러분은 이미 삶에 대한 태도를 바꾸기 시작한 거고요.

"내 돈을 어디로 보내는 것이 좋을까?"

이 질문에 대한 답을 생각해 보세요. 여러분은 물건을 사거나 여행을 가거나 서비스를 이용하는 것, 즉 돈을 소비하면서 얻는 가치에 돈을 보내고 싶은가요? 아니면 지금 이 돈이 시간을 먹고 자라 더 많은 돈을 가져오는 데 돈을 보내고 싶은가요? 만약 후자라면 '쓰리고'와 '삼백 계좌'가 큰 도움이 될 거예요.

쓰리고는 다음과 같아요.

샀다 치고

했다 치고

먹었다 치고

  사고 싶은 물건이 생기면 샀다 치고 그에 해당하는 돈을 '치고 플랜' 계좌로 보냅니다. 하고 싶은 것이 생기면 했다 치고 그 비용을 '치고 플랜' 계좌로, 먹고 싶은 것이 있다면 먹었다 치고 그 금액을 '치고 플랜' 계좌로 송금해요. 사고, 하고, 먹는 것은 지불하고 나면 끝이잖아요.

  사고 싶은 것도 사고 나면 시들해지고, 하고 싶은 것도 해버리면 그만이죠. 먹는 것이야 말할 것도 없어요. 허나 이런 곳에 돈을 쓰고 싶다는 생각을 바꿔 돈을 모아 투자를 한다면 투자한 돈이 돈을 벌어옵니다. 그렇게 되면 내 월급에 출혈을 일으키지 않아도 사고 싶은 것, 하고 싶은 것, 먹고 싶은 것을 원하는 대로 할 수 있게 되죠.

  현재 가치를 소비의 즐거움에 두는지 아니면 내 돈의 크기를 훼손시키지 않는 데 두는지에 따라 결과가 달라집니다. 즉각적인 소비를 잠시만 멈춘다면, 내 돈이 시간을 먹고 자랄 때까지 조금만 그 소비를 미룬다면, 나의 시간과 노동을 바꿔서 벌어들인 돈에 상처를 입히지 않고도 소비할 수 있어요. 치고 플랜 계좌에 모인 돈을 투자한다면, 설령 투자에 실패해 원금을 모두 잃는다고 해도 어차피 써서 없어졌을 돈이기에 투자 경험치를 늘리는 데 사용한 셈이 되는 거예요.

처음에는 '와, 이렇게까지 해야 하나' 싶을 거예요. 그렇게 모은 돈이 돈을 벌어오는 것을 경험하는 순간 여러분은 쓰리고를 외치면서 지출을 하는 대신에 치고 플랜 계좌에 돈을 넣는 재미에 푹 빠지게 될 거예요. 돈 쓰는 재미를 참았을 뿐인데 달콤한 인내의 결실을 맛보게 된 거죠.

제가 운영하는 돈무적 워크숍에서 멤버들과 함께, 써서 없어졌을 현금을 모아 소액으로 투자를 시작했어요. 미국 주식시장이 바닥이던 2022년 10월, 돈무적 워크숍에서 미국의 경제지표가 많이 내려왔으니 치고 플랜 계좌에 있는 돈으로 사기 시작해도 좋겠다고 강의를 했어요. 모두 함께 ETF를 사서 모아가기 시작했답니다.

타이밍을 잡아 투자하는 것은 고수의 영역이기 때문에 저는 기간과 금액을 나눠서 투자하는 방식을 선택해요. 투자라기보다는 자산을 꾸준히 모아가는 거죠. 그렇게 해서 함께 시작한 멤버들 대부분이 1년 만에 10% 이상의 수익률을 거두었고, 2년이 다 되어가는 지금은 최소 20%의 수익률을 기록하고 있답니다. 단지 커피 한 잔, 고기 한 번 덜 먹었을 뿐인데 그 돈이 돈을 벌어온 거예요.

소액도 모이면 힘이 커져요. 매주 일정 금액이나 수량을 계속 모아간다면 1년 후 수익금과 수익률 모두 커지게 됩니다. 사고 싶은 것을 사고, 하고 싶은 것을 하고, 먹고 싶은 것을 먹는 대신 쓰리고를 외치고 돈을 모아 앞으로 가치가 올라갈 곳으로 옮겨둔다면 시간이 지날수록 자산은 커진답니다.

치고 플랜 계좌와 유사한 삼백 계좌도 추천해요. 처음 종잣돈을 모을 때 성취감을 주기 위해 기간은 짧게, 금액도 적게 설정했어요. 3개월에 100만 원 모으기로 시작하니 할 만했죠. 기간이 더 길었거나 금액이 컸다면 지레 포기했을 거예요. 하루 1만 원만 줄여도 충분히 모을 수 있는 금액이 된답니다.

돈을 안 쓰고 모아도 좋고, 앱테크로 모아도 괜찮아요. 중고 거래로 안 쓰는 물건을 팔아서 만들 수도 있죠. 3개월 동안 100만 원이라는 의미 있는 돈을 모았다면 소비를 늦추는 것이 나와 내 돈에 도움이 된다는 것을 깨닫게 될 거예요. 100만 원이 크다면 50만 원도 좋아요.

삼백 계좌와 치고 플랜 계좌를 함께 운용한다면 기존에 모으던 종잣돈과 함께 맞벌이하는 효과를 볼 수 있어요. 종잣돈을 모으는 대신 대출을 갚아가는 것도 좋아요. 대출이 줄어들고 소액으로 모으는 계좌가 불어나면 순자산은 대출만 갚을 때보다 몇 배 이상 늘어날 수 있거든요. 써서 없어졌을 돈을 모아 기간을 나누어 적립식으로 투자한다면 수익률도 높아질 수 있어요. 쓰리고와 치고 플랜 계좌, 그리고 삼백 계좌는 우리의 자산을 키워주는 좋은 무기가 되어줄 겁니다.

3장

돈의 흐름이 보이기 시작하다

돈의 흐름이 보이는 경제지표 트래킹

* * * * * * * * * *

옆집 엄마가 투자를 잘해서 돈을 벌었다고 하면 늘 궁금했어요. 저 사람은 어떤 정보를 알았기에 저렇게 투자를 할 수 있게 된 건지 말이죠. 돈이 모이는 곳을 알면 돈을 벌 수 있는 기회는 많아지지만, 아무것도 몰랐던 그때 돈의 흐름을 파악하는 것은 무리였습니다.

지금은 돈의 흐름을 알 수 있는 방법을 압니다. 딱 1분만 시간을 내면 됩니다. 바로 우리 경제를 대표하는 지표 6개를 매일 적어보는 거예요. 저는 이것을 경제지표 트래킹이라고 불러요.

경제지표는 무엇일까요? 경제지표란, 한 나라의 경제시장에서 일어나는 경제활동을 알기 쉽게 숫자로 표시한 거예요. 우리나라의 경제지표만 보면 좋겠지만 우리나라에게 가장 큰 영향을 끼치는 미국의 경제도 함께 챙겨봐야 좀 더 정확히 알 수 있답니다. 진짜 딱 1분만 시간을 내면 되니까 꼭 해보세요.

처음에 경제지표를 적을 때는 오르면 오르는구나, 떨어지면 떨어졌구나 하는 생각뿐이었어요. 뭐가 뭔지 모르겠더라고요. 매일 적다 보니 어느 순간 관련 내용이 보이고 들리기 시작했어요. 오르내릴 때는 그 이유를 찾아보게 되면서 어렵지 않게 스며들 수 있었죠. 또 지금이 싼지 비싼지에 대해서도 알 수 있게 됐어요. 현재 환율을 모르고 지나쳤다면 환율이 올라 걱정이라는 기사를 봐도 이해하기 어려웠을 거예요. 매일 1분만 시간을 냈을 뿐인데 경제에 눈을 뜨게 된 거죠. 어떻게 하면 1분 안에 경제지표를 볼 수 있을까요?

스마트폰에 '인베스팅닷컴' 앱을 설치하세요. 앱에 접속하면 정보가 너무 많아 무엇부터 눌러봐야 하나 잘 모를 수 있어요. 마음 편하게 이것저것 눌러보면 익숙해지면 됩니다. 구체적으로 봐야 할 경제지표를 알려드릴게요.(사진 출처: 인베스팅닷컴)

첫째, 우리나라와 미국의 경제를 같이 봐야 한다고 했지요? 미국이 재채기를 하면 우리나라는 감기에 걸린다는 말처럼 우리나라는 미국의 영향을 많이 받아요. 그러니 코스피, 코스닥과 함께 다우존스지수, 나스닥지수를 보면 좋아요.

코스피와 코스닥은 우리나라 주식시장이에요. 코스피는 우리가 잘 아는 큰 나무처럼 안정적이고 오랜 시간 동안 자란 기업들이 모인 곳이고, 코스닥은 아직 크지 않지만 앞으로 성장할 수 있는 가능성을 가진 새싹 기업들이 모인 시장이죠. 다우존스와 나스닥은 미국 주식시장이에요. 학교로 비유하면 다우존스는 학교에서 가장 인기 많고 성적이 좋은 학생 30명의 모임이고, 나스닥은

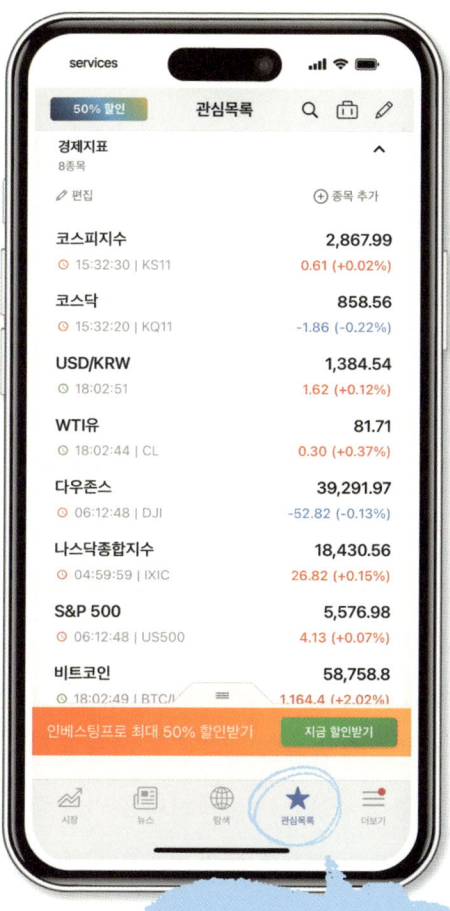

이렇게 관심목록에 모아두면
경제 흐름을 1분 만에
살펴볼 수 있어요!

제 3 장 / 돈의 흐름이 보이기 시작하다

창의적이고 새로운 아이디어를 가지고 있어 미래에 더 커질 가능성이 많은 학생들의 모임이랄 수 있어요.

우리가 하루를 시작하기 전에 날씨를 체크하는 것처럼 경제 날씨를 확인하고 이해하기 위해서는 각 지수를 계속 관찰해야 합니다. 각 지수를 터치하면 오른쪽 위에 비어있는 별 모양이 나와요. 별 모양을 터치해 관심 목록에 담아두면 매일 아침 관심 목록을 열어 1분 안에 적을 수 있답니다.

둘째, 기름 값도 봐야 해요. 기름 값은 물가와 같이 움직이기 때문이에요. 기름 값이 오르면 재료값이 상승하고 운반비가 많이 들기 때문에 제품 가격이 비싸집니다. 물가가 오르면 인플레이션이 심해지고 중앙은행은 물가를 잡기 위해 금리를 올리죠. 금리를 올리면 사람들이 돈을 은행에 넣어두고 싶어 하니 소비가 줄어 물가가 잡힌답니다. 그래서 기름 값은 세계 경제에 직접적인 영향을 끼친다고 볼 수 있어요.

매일 인베스팅닷컴 앱의 '원자재' 메뉴에서 WTI유를 확인하세요. 미국 서부 텍사스에서 생산되는 원유인

WTI유의 영향력이 가장 크기 때문이에요. WTI유를 터치해 관심 목록에 담아두면 됩니다.

셋째, 환율도 챙겨봐야 해요. 환율은 한 나라의 돈으로 다른 나라의 돈을 살 때의 가격을 말해요. 우리나라 돈으로 미국 돈을 살 때 '달러/원'이라고 표현해요. 환율이 떨어지면 적은 돈으로 많은 달러를 살 수 있죠. 반대로 미국 사람들은 한국 돈으로 많은 것을 살 수 있게 됩니다. 한국에서 만든 물건을 더 많이 사게 되죠. 수출이 늘어난다는 거예요. 환율이 올라가면 많은 돈을 내야 많은 달러를 살 수 있어요. 우리나라 사람이 미국 물건을 살 때 더 많은 돈을 써야 하기 때문에 외국 물건을 덜 사게 됩니다. 수입이 줄어든다는 의미죠. 이렇게 환율은 수입과 수출에 영향을 미칩니다. 환율의 변화에 따라 돈의 흐름이 어떻게 되는지 찾아본다면 경제의 흐름을 파악하는 데도 큰 도움이 된답니다.

코스피, 코스닥, 다우존스, 나스닥, WTI유, 달러/원. 이 여섯 가지 지표를 인베스팅닷컴의 관심 목록으로 저장해 두고 매일 보세요. 적으면 1분도 안 걸린답니다. 저희 세 아들도 매일 1분 안에 적고 있어요. 매일 적다 보면 지표들의 숫자가 오르내리는 모습이 보일 거예요. 관찰하다 보면 궁금해집니다. 왜 올랐을까, 왜 떨어졌을까. 그 원인을 뉴스나 신문에서 찾아보면 연관성이 보여요. 서서히 경기의 흐름이 눈에 보이게 되는 기적이 찾아오는 거죠. 관심을 갖고 보면 돈이 보일 수밖에 없는 이치예요.

경제지표를 매일 좇아 기록한다고 당장 투자를 할 수 있는 힘이 생기는 건 아니에요. 대신 그보다 더 큰 무기인 매일의 흐름이 보이게 되죠. 처음에는 그저 오르내리는 지표를 기록하는 것에 불과하겠지만 그 이유를 찾다 보면 자연스럽게 경제 전체에 대한 시야를 틔울 수 있어요. 어디서부터 어떻게 시작해야 할지 모르겠다면 경제지표 트래킹부터 시작해 보세요. 쉽지만 가장 강력한 시작점이 되어줄 거예요.

경제기사 1pick, 하루에 딱 하나만 읽자

* * * * * * * * * *

경제신문을 봐야 한다는 말은 많이 들었지만 나와는 상관없는 일이라고 생각했어요. 그러다 우연히 들었던 팟캐스트에서 경제에 대해 쉽게 설명해 주니 관심이 생겼습니다. 경제신문을 보면 경제 돌아가는 사정을 잘 알 수 있지 않을까 싶어 마음이 움직인 거죠.

경제신문을 구독할 때 인터넷 신문과 종이신문 중 무엇을 선택해야 하나 고민될 거예요. 각각의 특징이 있답니다.

첫째, 인터넷으로 경제신문 보기. 언제 어디서나 볼 수 있기 때문에 이제 막 신문을 보기 시작한 사람이 부담 없이 볼 수 있어요. 처음에는 휴대폰으로 네이버나 다음 같은 포털 사이트에서 경제뉴스를 찾아봤어요. 그런데 정신이 없더라고요. 비슷한 헤드라인이 연달아 나오니 무엇을 봐야 할지 판단하기 어려웠고, 연예인 기사나 카페 새 글 알림이 뜨면 그걸 보게 되더군요. 그래서 신문사 홈페이지에서 모바일 버전을 구독했는데, 역시나 경제뉴스를 보다가도 연예뉴스를 보며 마무리하게 되더군요. 그래서 과감히 종이신문을 보기로 결심하게 됩니다.

둘째, 종이신문으로 보기. 매일경제, 한국경제, 서울경제, 아주경제 등 경제신문 종류가 많았어요. 어떤 것을 봐야 하나 고민이 되어 종류별로 구독해서 읽어봤지요. 만약 결정하지 못했다면 매일경제신문이나 한국경제신문 중에서 고르는 것이 무난할 거예요. 저는 그나마 부동산 지면이 약간 더 많은 한국경제신문으로 정착했어요. 신문을 보기 시작하니 뭔가 대단한 것을 하는 듯 거창해 보였어요. 하지만 그런 기분도 잠시, 내용은 난감하더군요. 흰색은 종이요, 검은색은 글씨라고 생각할 정도로 아는 게 없더라고요. 알 수도 없는 용어들은 큰 스트레스였어요.

결국 모든 것을 알아버리겠다는 욕심을 내려놓고, 눈 딱 감고 하루에 기사 1개라도 제대로 읽어보자고 다짐했어요. 한 달 신문대금이 2만 원이니까 하루에 666원인 셈이죠. 다 버리고 기사 1개만 내 것으로 만들면 666원의 값어치를 한다고 생각하니 마음이 가벼워졌어요. 기사 1개만 내 것으로 만드는 것, 즉 '경제기사 1pick'이라 이름 붙인 이 일은 7년째 이어오고 있어요.

어느 순간 경제신문은 부담이 아닌 놀이처럼 여겨졌어요. '오늘은 어떤 기사를 골라줄까?' 가볍게 눈에 들어오는 기사를 하나 골라 밑줄을 치고 형광펜으로 중요한 용어를 표시하고, 모르는 단어를 적고 외워보기도 했어요. 이제는 제법 행간의 숨은 뜻도 알 수 있게 되었답니다. 기사 하나만 골라 읽었을 뿐인데, 경제기사를 읽고 해석하고 그에 따른 답을 찾는 훈련을 한 셈이 된 거죠.

돈무적 워크숍의 수강생 대부분도 처음에는 인터넷신문으로 시작했다가 종이신문으로 바꾸었어요. 종이신문을 선택했다가 인터넷신문으로 바꾼 멤버도 있고요. 중간에 바꿔도 되니 인터넷신문이든 종이신문이든 구독부터 하세요. 장단점 따지느라 고민할 시간에 하루라도 빨리 경제신문과 친해지는 것이 나아요. 좋아하는 스탠드나 향초를 켜두고 함께 읽어도 좋아요. 그 분위기를 사랑하게 되면 신문 읽는 것도 좋아진답니다.

★ 15분 안에 경제기사 1pick 하는 방법

전체 헤드라인&서브 헤드라인 위주로 훑어보기(5분)
마음에 드는 기사 1개만 고르기(1분)
고른 기사 정독하기(9분)
→ 중요한 키워드 / 문장 밑줄 긋기(3분)
→ 몰랐던 단어 / 중요하다고 생각하는 단어 필사(3분)
→ 이 기사를 고른 이유 1줄 적기(3분)

경제신문을 읽을 때는 원칙이 하나 있어요. 절대 시간을 오래 들이지 말아야 합니다. 전체적으로 15분은 넘기지 않아요. 경제신문을 15분 만에 읽는 방법은 다음과 같습니다.

첫째, 5분 동안 헤드라인과 서브 헤드라인 위주로 처음부터 끝까지 훑어봅니다. 가장 굵고 크게 적혀있는 제목을 헤드라인이라고 하고, 헤드라인보다 조금 작지만 본문보다 큰 글씨로 헤드라인 아래에 적혀있는 단어나 문장, 글귀를 서브 헤드라인이라고 해요. 헤드라인과 서브 헤드라인만 봐도 기사의 내용을 대략 파악할 수 있습니다.

둘째, 헤드라인 위주로 신문을 끝까지 훑어본 뒤 손길과 시선이 머무는 기사를 1개 고릅니다. 고민을 많이 하면 기사를 고르기 어려워져요. 딱 1분 안에 고른다는 생각으로 눈 딱 감고 기사를 고르세요.

셋째, 9분 동안 그 기사를 정독하세요. 3분 동안 모

르는 단어를 적고, 3분 동안 중요하다고 생각하는 곳에 밑줄도 그어보는 겁니다. 마지막 3분 동안은 이 기사를 왜 골랐는지 이유를 적어봅니다. 경제기사 1pick에서 가장 핵심적인 부분이죠. 내가 고른 이유는 다양할 수 있어요. 초반에는 모르는 단어를 알기 위해 기사를 고르기도 하고, 새로 알게 된 용어를 따라 써보고 그 뜻을 더 조사해 적어보기도 했죠. 그렇게 하니 점점 아는 용어가 많아졌어요.

이후에는 관심 가는 분야의 기사를 바로 고르게 될 정도로 시야가 넓어졌어요. 주식 투자에 집중할 때는 주식 기사만 보이더니 부동산 투자를 시작하고부터는 부동산 기사만 눈에 들어왔어요. 무언가를 그냥 알고 싶어서도, 투자한 분야에서 발생하는 이슈에 대한 기사를 고를 때도 있고요. 어떤 것이든 상관없어요. 기사를 고르는 이유나 기준을 적다 보면 지금 나의 관심사도 파악된답니다.

경제기사 1pick은 보통 하루 일정을 시작하기 전에 전날의 가계부를 작성하면서 보면 좋아요. 아침에 경제기사 1pick을 하면 그날 하루는 내가 읽은 기사와 연결된 이슈나 주제 등이 더 귀에 잘 들어와요. 읽을 책을 고를 때도 오전에 읽은 기사와 연결된 주제를 고를 때가 많았답니다. 경제기사 하나를 읽는 것만으로도 관심사를 계속 경제에 붙잡아 둘 수 있다니! 신기했어요. 모르는 게 많은 만큼 궁금한 것은 더 많아졌답니다. 찾아보고 싶은 정보, 더 자세히 알아보고 싶은 분야도 생겨났어요. 아침에 바쁘다면 오후나 저녁도 좋아요. 꾸준히 보는 게 중요하니까 할 수 있는 시간을 만들어 읽기만 하면 됩니다.

매일 1개의 기사를 내 것으로 제대로 만들어 1년을 쌓으면 360개의 기사가 내 것이 됩니다. 경제기사 1pick이 3년, 5년, 10년 동안 쌓인다면 그 힘은 누구도 무시하지 못하게 됩니다. 시간의 축적에 배팅하세요. 시간의 축적만큼 무서운 힘도 없는 법이랍니다.

조금 더 자세히 경제신문을 보고 싶다면

✳ ✳ ✳ ✳ ✳ ✳ ✳ ✳ ✳ ✳

경제기사를 매일 읽고 있는데 별로 달라지는 게 없다고 느낀다면 지금부터 하는 이야기에 귀를 기울여보세요. 효율적으로, 그리고 지속적으로 경제신문을 활용해 관심의 끈을 놓지 않게 해주는 방법이랍니다.

매일 기사 하나만 읽는 것에 집중하되 한 달에 1~2번 정도는 읽었던 기사 중에서 몇 가지를 골라 더 깊고 넓게 보는 거예요. 경제신문을 좀 더 깊이 있게 활용하고 싶다면 다음과 같은 방법을 적용해 보세요.

첫째, 한 달 중 하루나 이틀 정도의 날짜와 시간대를 선택하세요. 깊고 넓게 알아보기 위해서는 산만해지면 안 되기 때문이에요. 시간을 확보해 그 시간 동안 집중해서 알고 싶은 내용을 최대로 뽑아보는 것이 필요해요. 보통 주말에 하면 좋겠죠. 경제신문이 집에 오지 않는 날을 잡아도 좋아요.

둘째, 내가 1pick한 기사들을 쭉 살펴보세요. 경제기사 1pick을 할 때 가장 중요한 것은 그 기사를 왜 골랐는지 적어보는 것이라고 했죠? 저는 매일 1pick한 기사를 사진으로 찍어두는데 그동안 고른 경제기사들을 보면 어떤 주제에 끌렸는지 한눈에 들어와요. 그중에서 더 알고 싶은 기사나 공통 주제의 기사를 선택해 보세요. 여기서부터 시작하는 거랍니다.

셋째, 그 기사와 연결된 다른 기사를 검색하세요. 내가 고른 종이신문 기사와 연결된 다른 온라인 기사들 중에서 하나를 골라 그 기사를 고른 이유를 다시 적어봐요. 만약 주식 기사를 pick했다면 그 주식의 본사가 위치한 지역까지 봐도 좋지요. 부동산 기사를 골랐다면 그 지역의 일자리에 대해 연결해볼 수도 있겠죠. 계속 굴비 엮듯이 관련 기사나 정보, 책을 찾아보면서 관심사의 범위를 넓혀나가면 된답니다.

2023년 11월 9일자 신문에 나온 새로 출시되는 갤럭시S24 스마트폰에 삼성에서 만든 AI '가우스'가 탑재된다는 기사를 1pick했었어요. 연일 신문기사에 AI 관련 기사들이 계속 나오니 자연스럽게 AI에 대해 궁금해졌지요. 기사에서는 삼성전자에서 자체 개발한 생성형 인공지능 '가우스'에게 잡무를 맡기면 임직원들은 고차원적인 업무에 집중할 시간을 벌 수 있게 된다고 했어요. 우리나라에서 가장 큰 기업이 최근 회자되고 있는 AI 시장을 공략한다고 하니 눈에 띌 수밖에 없었답니다. 이 기사를 읽고 여기에만 그칠 것이 아니라 다른 부분과 연결해서 확장해 보면 더 자세히 알 수 있게 될 거예요.

먼저 삼성전자라는 기업에 대한 뉴스니까 삼성전자의 본사가 어디인지 찾아볼 수 있어요. 삼성전자 본사는 수원시 영통구에 있어요. 수원시 영통구의 입주 물량을 조사해 봅니다. 수원시 전체의 입주 물량은 2021~2023년에 폭발적으로 늘었다가 2024년부터 급격히 줄었네요. 팔달구와 장안구에 물량이 많은 것을 확인할 수 있고, 삼성전자 본사가 위치한 수원시 영통구의 입주 물량만 따로 보면 2022년 이후로 계속 부족한 것으로 나온다는 것을 알 수 있어요.

좀 더 확장하면 세계적으로 AI 관련 성과가 뛰어난 기업도 살펴볼 수 있죠. AI와 관련해서 시가총액이 큰 기업은 마이크로소프트와 구글, 엔비디아예요. 마이크로소프트는 오픈AI에 대한 투자를 통해 AI 통합에 크게 진전을 이룬 기업으로 평가받고 있어요. 엔비디아는 AI 칩을 공급하는 업체로 위치를 확고히 하고 있고, AI 인프라의 기반을 갖춘 회사로 평가받고 있는 기업이랍니다. 우리나라에서는 삼성전자와 더불어 네이버가 네이버 Cue AI 서비스를 론칭하고 AI 분야에서 활발한 활동을 보일 기업으로 자리매김하고 있답니다.

이렇듯 관련한 내용을 계속 연결하다 보면 시야가 넓어집니다. 경제신문을 좀 더 자세히 보고 싶다면 이렇게 기사 하나로 시작해 여러 분야로 확장해서 보는 것이 도움이 된답니다.

저도 어디에서부터 어떻게 시작해야 할지 막막했던 때가 있었어요. 그때의 저와 같은 초보자라면 경제신문에서부터 그 길을 찾아보는 것이 어떨까요? 책을 봐도 좋지만 선택지가 너무 많잖아요. 어떤 책이 좋은지 모르고, 나에게 맞는 책을 만나기까지 시간도 걸리거든요.

경제신문을 읽으며 기사와 관련된 내용을 찾는 건 시작하기 쉬웠어요. 관심의 폭을 조금씩 넓혀가면서 필요한 책을 찾아볼 수 있었고요. 처음에는 뭐가 뭔지 모르기 때문에 신문에 나온 내용부터 찾아보기 시작하니 방향을 정하는 데에도 도움이 되었어요. 돈을 모으는 과정에서 관련 지식을 쌓아가니 돈을 모은 뒤 직접 투자를 해야 할 때 좀 더 효과적인 방법으로 바로 성과를 낼 수 있었답니다.

물론 처음에는 모르는 게 당연해요. 용어에 익숙해지고 관련 내용에 적응되면서 조금씩 생각의 폭을 확장해 갈 수 있게 됩니다. 어느 순간 자신의 배경지식에 깜짝 놀라게 될 거예요. 기업을 다룬 기사를 보더라도 그 기업의 본사가 어느 지역에 있는지 찾아보는 습관을 꼭 가지세요. 네이버에서 위치 검색만 해도 쉽게 알 수 있어요. 주식 기사로 시작해 부동산 공부, 더 나아가 거시 경제까지 관심의 범위를 확장시키는 자신을 발견할 수 있게 될 거예요.

경제신문을 활용해 깊이 공부하는 것은 매일 하지 않아도 된답니다. 한 달에 두어 번, 대신 꾸준히 쌓아가면 그만이에요. 그 위에 재테크 전략 독서를 함께 쌓는다면 지식을 흡수하는 속도는 더 빨라지겠죠. 경제신문을 보는 시간들이 쌓이면 비로소 그 가치가 빛나게 됩니다.

돈 공부에 엔진을 달아주는 전략 독서법

＊ ＊ ＊ ＊ ＊ ＊ ＊ ＊ ＊ ＊

처음 재테크를 시작했을 때는 어디 가서 배울 형편이 안 됐어요. 하루에 11시간을 장사하며 세 아들을 키우는 엄마였으니까요. 그래서 어쩔 수 없이 책을 봐야 했어요. 맨 땅에 헤딩하듯 무작정 도서관으로 달려갔어요.

경제·경영 분야로 달려가 제목부터 훑어봤어요. 돈, 빚, 대출, 노후라는 제목이 적혀있는 책을 모조리 빌려 보면서 돈 공부를 시작했어요. 뭣 모르고 읽기 시작한 책이건만 지금 와서 생각해 보면 영리하게 전략 독서를 한 셈이죠.

전략 독서란, 비슷한 주제의 책 여러 권을 읽는 방법을 말해요. 《독서 천재가 된 홍팀장》을 쓴 강규형 대표는 하나의 주제에 관련된 책 50권을 3년 동안 읽으면 준전문가가 되고, 5년을 읽으면 전국적인 전문가, 7년을 읽으면 세계적인 전문가가 된다고 했습니다. 저는 1년 2개월 동안 돈과 관련된 책 200권을 읽었어요.

읽으면 읽을수록 지식을 흡수해 내 것으로 만드는 속도가 점점 빨라졌어요. 뭐든 알게 되면 내 것으로 만들려고 하다 보니 결과물이 생겨났어요. 돈 관리 좀 해보고 싶어 시작한 재테크 전략 독서가 돈 관리를 넘어 돈을 모으고 불리게 해준 거예요. 전략 독서 7년 차인 지금, 저는 전국으로 강의하러 다니는 재테크 강사로 살아가고 있답니다. 열심히 책을 읽었을 뿐인데 말이죠.

처음부터 욕심을 내면 버거울 수 있어요. 평소에 책을 많이 보지 않았다면 책과 친해지는 게 먼저랍니다. 욕심을 내려놓고 읽고 싶은 책을 골라 하루에 1쪽이라도 매일 읽는 습관을 만드세요. 습관을 만들고 나서 점차 독서량을 늘려나가면 됩니다. 독서를 많이 하다 보면 이해력도 높아집니다.

전략 독서를 하겠다고 마음먹었다면 적어도 어떤 책을 읽을지는 스스로 정하세요. 다른 사람의 도서 목록을 참고할 순 있겠지만 나에게 안 맞을 수도 있어요. 인터넷 서점이나 도서관 홈페이지에서 관심 분야를 검색해 보면 꽤 다양한 책들이 검색될 거예요. 평점이 좋거나 많은 리뷰가 쌓여있는 책들 위주로 살펴보고 나만의 독서 목록을 작성하면 좋습니다. 목록은 계속 수정할 수 있어요. 일단 작성한 독서 목록의 책 제목 옆에 언제부터 언제까지 읽을 것인지 날짜를 적어두면 실행력을 좀 더 높일 수 있습니다.

읽기만 하는 독서를 하면 안 됩니다. 한 가지는 반드시 남겨야 해요. 남긴다는 것은 책 내용을 기억한다는 게 아니라, 책에서 알게 된 것 중 한 가지는 무조건 나에게 적용한다는 뜻이에요. 책에서 읽은 내용을 적용해 나의 삶이나 돈에서 한 가지씩 바꾸었다면 남겼다고 할 수 있어요. 그저 읽기만 해선 책으로 인생을 바꿀 수 없어

요. 책 한 권을 읽고 한 가지를 바꾼다면, 100권을 읽었을 때는 100가지가 바뀌어 인생이 결국 바뀌게 됩니다.

저 같은 경우는 부동산 책에서 저자가 언급한 지역들을 유심히 살펴봤고 직접 가봐야 직성이 풀렸어요. 투자 고수가 쓴 책에 나오는 지역이나 아파트는 그냥 예시로 든 게 아닐 거란 생각에서였지요. 고수는 왜 하필 이 아파트를 콕 집어 예로 든 걸까? 이곳의 어떤 면을 보았기에 투자를 한 걸까?

비슷한 상황이라면 나도 투자할 수 있겠다는 생각은 생각으로만 그치면 안 된답니다. 직접 가봐야 알 수 있으니까요. 그 정도로 책을 읽고 바로 적용해 보는 습관을 들인 저였어요. 책을 읽고 한 가지씩 실행하다 보니 100권의 책을 읽은 시점에 제 돈의 100가지가 바뀌어 있었어요. 그만큼 성과는 컸습니다. 정리하면 다음과 같아요.

첫째, 읽을 책 목록을 만든다.
둘째, 목록에 있는 책을 언제부터 언제까지 읽을지 계획을 세운다.

셋째, 계획대로 읽는다.

넷째, 황금 문장을 하나 이상 무조건 찾아 나의 언어로 바꾼다.

다섯째, 한 가지는 무조건 적용하고 실행한다.

전략 독서 목록에 있는 책을 읽을수록 여러분의 돈은 생각한 것 이상으로 정리되고 모이게 될 거예요. 눈 딱 감고 바로 재테크 전략 독서 목록을 작성해 보세요. 그리고 지금부터 한 권씩 계획대로 읽어보는 거예요.

저는 재테크를 가르쳐주는 사람이 없어서 책으로 시작했지만 열심히 읽고 하나씩 적용한 결과, 자산이 6년 만에 40억으로 늘어났어요. 처음에는 시행착오도 많았죠. 나에게 맞지 않는 책을 읽느라 고생하기도 했고요. 하지만 가난의 대물림을 끊겠노라 다짐하고 시작한 독서였기에 결국 돈이 되는 재테크 전략 독서를 이룰 수 있게 된 거예요.

고수의 지식을 배우는 길은 많다

* * * * * * * * * *

아는 게 별로 없었던 재테크 초반, 책을 읽고 실행했더니 돈의 흐름이 바뀌었어요. 그러자 책이 아닌 다른 방법도 알고 싶어졌어요. 강의를 수강할 수도 있었겠지만 장사를 하며 세 아들을 키우는 입장에선 쉽지 않은 길이었어요. 강의 말고도 배울 수 있는 무언가가 있지 않을까 생각했답니다.

당시에는 운동 삼아 집에서 가게까지 걸어 다녔는데, 걸어서 20~30분 정도 거리였어요. 또 가게 브레이크

타임에 아이들 저녁식사를 준비하기 위해 집에 다녀오는 게 2시간 정도 됐어요. 이렇게 짜투리 시간들을 모으면 무언가를 해볼 수 있을 것 같았어요. 알아보니 컴퓨터와 스마트폰으로 똑똑한 사람들의 지식과 경험을 배울 수 있는 방법이 많았어요. 장사하느라 할 수 없다고 생각했는데 방법이 있었던 거예요. 방법을 찾으니 감사하게도 해결책이 보였어요.

첫째, 팟캐스트 듣기.

재테크 초반에 독서와 함께 병행했던 방법이에요. 휴대폰만 있으면 언제 어디서든 들을 수 있어요. 경제를 잘 알지 못하는 이들에게 경제를 알기 쉽게 알려준다는 김광석 교수의 팟캐스트를 열심히 들었어요. 그가 집필한 《경제 읽어주는 남자》도 읽으면서 팟캐스트 방송을 들으니 더 이해하기 쉬웠죠. 책만 읽던 저에게는 가뭄의 단비와도 같았답니다. 현재는 이진우 기자의 <손에 잡히는 경제>도 자주 들으며 관심의 끈을 놓지 않고 있어요. 팟캐스트 외에도 팟빵, 네이버 오디오 클립 등에서 활동하는 경제 크리에이터들의 채널이 많으니 나에게 맞는 채널을 하나 선정해 꾸준히 청취하면 여러분의 삶에도 경제가 스며들 듯이 찾아올 겁니다.

둘째, 유튜브 보기.

가장 직관적이고 접근성이 좋은 방법이죠. 처음에는 유튜브 영상을 보는 것에 대해 안 좋은 선입견을 가지고 있었지만 어느 순간 사라지게 됐어요. 웬만한 유료 강의 못지않게 뛰어난 영상들이 쌓여 있더라고요. 이렇게 좋은 정보들을 무료로 퍼줘도 되는 건가 싶을 정도로요. 더 이상 배우러 갈 시간이 없어서 시작할 수 없다는 핑계를 대면 안 되겠다고 느꼈어요.

언제 어디서나 쉽게 재테크에 대해 알아볼 수 있지만 유튜브 영상에만 의존하다간 정보의 홍수 속에서 허우적댈 수도 있어요. 넘치는 정보 중에서 옳고 그름을 판단할 수 있어야 합니다. 유명 유튜버의 말이라고 무조건 믿고 따르면 안 돼요. 비판적으로 보되 도움이 되는 내용은 적극

수용하면서 꾸준히 보세요. 저는 <다꿈스쿨TV>, <삼프로TV>, <경제 읽어주는 남자> 등 좋아하는 전문가들이 운영하는 채널을 주로 보고 있어요.

셋째, 경제잡지 구독하기.

매일 경제신문을 읽는 것이 부담스럽다면 가볍게 주간지로 시작해 보는 것도 좋아요. 한두 종류의 경제잡지를 구독하면 매주 수월하게 경제뉴스를 접할 수 있거든요. 잡지는 가독성과 흥미 요소까지 갖추고 있어 신문보다 술술 읽혀요. 모르는 용어가 나오면 따로 적어두고 익혀보고요. 구독이 부담스럽다면 도서관에 비치되어 있는 잡지를 보세요. 1주일에 한 번쯤은 바람도 쐬고 나들이도 할 겸 도서관에 가서 읽으면 됩니다. 밀리의 서재에서도 잡지를 볼 수 있어요. 저는 현재 <매경 이코노미>, <한경 비즈니스>, <더 스쿠프>를 구독하고 있답니다.

넷째, 유료 강의 듣기.

시간적 제약은 있지만 제일 빠르게 지식을 성장시킬 수 있는 방법이에요. 재테크 초반에는 이런 강의를 듣는 것이 돈 낭비 시간 낭비가 될까봐 걱정이 많았어요. 더군다나 따로 시간을 내어 강의를 들으러 갈 상황도 되지 않고, 어디에서 무슨 강의를 들어야 할지 아는 바도 없었어요. 그러다가 우연히 좋아하는 작가의 카페에서 1만 원만 내면 강의를 들을 수 있다는 공지를 보았어요. 바로 신청했지요. 강의는 완전 신세계였어요. 강의를 들으러 온 사람들을 보면서 그동안 너무 우물 안 개구리로 살았다는 사실을 깨달았어요. 그 강의 참석을 계기로 이후에는 가게가 쉬는 날에 열리는 강의를 찾아다니기 시작했어요. 시간이 갈수록 저는 점점 성장하게 되었고요.

솔직히 처음에는 경제신문이나 경제잡지를 구독하고 강의를 듣는 데 비용을 지불해야 하나 싶었어요. 1만 원짜리 강의를 신청할 때도 '이 돈이면 짜장면을 몇 그릇 팔아야 하나' 같이 생각했고요. 하지만 경제신문이나 경제잡지를 통해 아는 것이 많아지니 세상이 달라 보이더군요. 그동안 아무것도 모른 채 일만 했던 시간이 아깝기까지 했어요. 큰마음 먹고 강의를 들으러 가선 배우고 성장하고 부자가 되기 위해 노력하는 사람들이 엄청나게 많다는 생각에 머리가 띵했답니다. '그래! 1만 원을 냈으면 1만 원 이상 돌아오게 하자!' 돈을 아껴도 모자랄 판에 돈을 써도 되나 싶어 마음이 불편했는데 배워서 잘 써먹으면 된다고 생각하니 마음가짐이 달라졌습니다.

팟캐스트를 듣고, 경제잡지를 보고, 유튜브 영상을 보며 틈틈이 지식을 쌓았고 미국주식, 부동산 투자 등 투자 관련 강의도 열심히 들었어요. 강의료 이상을 수익으로 가져오려고 하니 남들보다 더 집중할 수밖에 없었죠. 미국주식 수익률이 크게 웃돌고, 부동산 투자가 성공하면서 자산은 빠르게 늘어났어요. 운이 좋았죠. 그 운이란 것도 미리 공부하고 준비했기에 잡을 수 있었던 거예요.

지금도 저에게 올 많은 기회들을 기다리며 계속 노력하고 있어요. 이 세상에는 고수의 지식과 경험을 배우는 길이 참 많답니다. 방법을 찾아 하나씩 실행하면 그뿐이에요. 노력은 언제나 결실을 맺는 법이니까요.

세 아이에게 용돈을
넉넉히 주었던 이유

* * * * * * * * * *

저희 아이들은 저와 같은 실수를 하지 않도록 키우고 싶었기에 어릴 때부터 돈을 관리하는 습관을 길러주고자 했답니다. 아이가 돈을 관리해 볼 수 있는 경험은 크게 두 가지로, 용돈과 아르바이트예요.

저는 용돈을 주었고, 남편은 아이들에게 아르바이트를 시켰어요. 용돈은 부모라서 당연히 주는 것이 아니라 사회에 나가기 전 돈을 관리하기 위한 훈련 차원에서 주는 것이라는 원칙이었기에 조건을 달았죠.

첫째, 돈을 쓰는 내역을 기록합니다. 돈을 쓰지 않은 날에는 '무지출'로 기록하라고 했죠. 둘째, 매일 경제지표를 기록합니다. 제가 하는 것과 같이 인베스팅닷컴 앱을 열고 매일 지표를 기록하게 한 거예요. 셋째, 용돈을 일정하게 나눕니다. 비율은 자유롭게 정하되 반드시 네 부분으로 나누어 용도에 맞게 사용하도록 했어요.

"왜 꼭 나눠야 해요?"

당연히 아이들은 불만을 표시했어요. 그래서 용돈에 대한 원칙을 말해주니 마지못해 수긍하더라고요.《열두 살에 부자가 된 키라》에 나온 대로 투자, 기부, 소원, 소비 네 가지 항목으로 나누어 용돈을 관리하자고 제안했어요. 아이들에게 각각 투명한 잡곡통 4개씩을 주고 각 통에 투자, 기부, 소원, 소비 이름표를 붙였어요. 각 항목의 비율은 알아서 정하되 엄마가 지정한 순서대로 넣을 것을 주문했습니다.

돈을 관리할 때 중요한 점은 투자나 저축 부분을 먼저 떼어놓고 남은 금액으로 소비하는 거예요. 소비는 한계가 없기 때문에 쓰고 싶은 대로 다 쓰면 당연히 저축이나 투자할 돈이 생기지 않기 때문이에요. 아이들에게 이 점을 가르쳐주고 싶어 순서대로 배분하라고 제안했어요. 사람은 혼자 사는 동물이 아니고 사회에 기여하며 살아야 하기 때문에 기부에 대해서도 가르치고자 했답니다.

소원과 소비를 따로 분리한 것은 저와 같은 과오를 범하지 않게 하기 위해서였어요. 저는 사고 싶은 물건을 신용카드로 사고 나서 그 대금을 갚는 방식으로 소비를 해왔거든요. 물건은 사고 나서 갚아가는 것이 아니라 돈을 모은 뒤에 사야 한다는 것을 알려주고 싶었어요. 그래서 소원 항목에는 사고 싶거나 갖고 싶은 것이 있을 때 모아서 살 수 있도록 소비와 분리해 교육했어요. 마지막에는 소비 항목으로 돈을 보냈답니다.

투자를 위해 돈을 모으고 사고 싶은 것을 위해 또 모아야 한다면 정작 써야 할 돈을 쓰지 못하게 되죠. 정해진 용돈 안에서 비율을 나누는 것은

결국 선택의 문제지요. 이것을 잘 아는 아이들도 고심하며 비율을 정했답니다.

용돈을 정할 때도 데이터는 필요합니다. 각자 용돈이 얼마 정도 되어야 하는지 모르는 단계이기에 돈을 어떤 항목에 쓸지 적어보라고 했어요. 첫째 아이는 식비, 자기계발비, 휴대폰 요금, 교통비, 인간관계 등으로 나누더라고요. 둘째 아이는 간식, 휴대폰, PC방, 코인노래방 등으로 나누었어요. 아직 어린 막내는 잘 모르겠다고 했고요.

일단 첫째 아이와 논의해서 기준을 잡으니 둘째, 셋째도 따라 하게 됐어요. 첫째 아이에게 '학원을 바로 갈 때 저녁을 항상 사먹는 건 무리일 수 있으니 조정을 해보라'고 했습니다. 휴대폰 요금과 교통비는 고정 지출이기 때문에 제가 지원해 줄 수 있는 항목이었고 나머지는 아이에게 맡겼답니다. 아이의 소비내역을 유추해 일주일 용돈을 10만 원으로 책정하고 투자 2만 원, 소원 2만 원, 기부 4,000원, 소비 5만 6,000원으로 관리하기로 했어요.

이에 따라 둘째와 셋째도 각각 네 가지 항목의 비

율을 나누었어요. 둘째는 일주일 용돈으로 5만 원을, 막내는 1만 원을 받기로 했어요. 둘째는 처음에는 돈을 모으고 불리겠다는 욕심에 투자 2만 8,000원, 기부 1만 원, 소원 1만 원, 소비 2,000원으로 책정하더라고요. 나중에는 조정해서 투자 2만 원, 기부 5,000원, 소원 1만 원, 소비 1만 5,000원으로 나누어 관리하고 있답니다. 막내는 투자 1,000원, 기부 1,000원, 소원 6,000원, 소비 2,000원으로 결정했어요.

용돈의 절대값은 커 보이지만 네 가지 항목으로 나누어 관리하다 보니 쓸 수 있는 돈은 많지 않았어요. 몇 달 운영해 보니 용돈이 좀 과하다는 생각이 들어 조정해서 50%를 삭감했어요. 대신 돈을 마련할 수 있는 장치를 제시했어요. 남편 가게에서 아르바이트를 하거나 가족들을 위해 노동력을 제공하는 방법이었죠. 첫째 아이는 주말에 가게 아르바이트를 통해, 둘째와 셋째는 집안일을 하면서 추가 수입을 마련했어요. 이때 주의할 점은 마땅히 해야 할 방 정리나 숙제 등은 추가 수입에서 빼는 거예요. 가족 모두를 위한 집안일에 해당하는 부분에만 비용을 책정했답니다.

저는 아이들의 추가 수입을 구글 시트로 관리했어요. 가족 톡방에 링크를 올려두면 각자의 폰에서 체크할 수 있어서 편리해요. 아이들은 용돈을 받는 토요일이 되면 다음 주 추가 수입을 위한 집안일을 선점하느라 바빴답니다. 빨래, 화장실 청소, 집안 청소, 재활용 버리기, 신발 정리, 소파 정리 등에 해당하는 수당은 아이들과 협의해서 정했어요. 이때 일을 선점한 사람이 일을 하지 않는 경우도 생깁니다. 그래서 달성률을 체크해서 달성률이 높은 순서대로 집안일을 선점할 수 있는 권한을 주었습니다.

제가 일하느라 집에 없을 때가 많았기 때문에 일일이 확인하고 실랑이하는 대신 막내아이가 제안한 '아이부자' 앱을 활용해 집안일을 체크했어요. 아이가 집안일을 시작하겠다고 저에게 메시지를 보내면 제가 승인하고,

아이는 일이 끝나면 완료된 사진을 보내요. 그러면 제가 확인해서 추가 수당을 인정하면 아이의 계좌에 수당이 적립됩니다. 특히 둘째 아이가 부족한 용돈을 추가 수입으로 충당하며 잘 활용하고 있어요.

첫째 아이는 고등학교 때부터 이미 사회생활을 시작했고 성인이 된 후에는 더 이상 용돈을 받지 않아요. 자신의 꿈을 위해 투자하는 비용 역시 일을 하며 충당하고 있지요. 중학교 때 PC방을 오가는 시간과 돈이 아깝다며 PC를 사야겠다고 선언한 적이 있었어요. 결국 용돈과 세뱃돈 등을 모았고 부족한 부분은 동생에게 컴퓨터 사용권한을 주는 조건으로 돈을 빌려 장만하더라고요. 저는 용돈의 사용처까지 개입하진 않았어요. 돈 관리의 자율성을 인정해 준 거죠. 돈을 어디에 쓰든 자신의 선택일 뿐이니까요. 단, 선택에 따른 통장 잔고 역시 자신의 책임이죠.

이렇게 아이들은 용돈 관리를 통해 돈이 그냥 생기는 것이 아니라는 것을 알게 됩니다. 아이들은 부모 지갑에서 돈이 샘솟는 것이 아닌 시간과 노력을 들여 돈과 바꾸는 '일', 즉 '노동'을 통해 나온다는 것을 몸소 경험하면서 배우게 되는 거예요. 무한정 사고 싶고 갖고 싶다고 다 살 수 있는 것이 아니라는 사실도 깨닫게 되죠. 돈에는 반드시 '선택'이 따라온다는 것을 스스로 체득하면서 돈을 모아야 하는 이유도 함께 알아갈 수 있도록 했어요.

아이에게 용돈을 관리하는 법을 알려주는 순서는 간단해요.
첫째, 아이가 관리할 수 있을 만큼의 용돈을 줄 것. 너무 적게 주면 돈 관리할 흥미가 생기지 않아요. 그렇다고 너무 많이 주어서도 안 되니 협의를 통해 합리적으로 정할 필요가 있습니다.
둘째, 아이의 용돈을 적절히 네 부분으로 나눌 것. 나누는 비율은 스스로 조정할 수 있도록 하고 각 항목에 맞게 쓸 것을 약속받아 기록으로 남겨야 해요.
셋째, 순서에 맞게 배분할 것. 투자, 기부, 소원, 소비 네 부분으로 나누되 배분하는 순서는 반드시 지키도록 합니다.

넷째, 투자에 해당하는 돈을 모아 기간을 나누어 매수할 것. 투자 종목은 아이와 함께 알아보고 결정하는 것이 좋겠죠. 저희 아이들은 주로 S&P500 ETF를 모으고 있어요.

다섯째, 매일 경제지표와 지출 내역을 기록하게 할 것. 매주 토요일 밤 9시에 가계부를 점검해요. 내용보다는 기록 여부에 초점을 두어 확인하는 정도지만 기록하지 않았다면 다음 주 용돈은 주지 않았답니다. 아이가 울어도 단호하게 원칙을 지키려고 했어요.

여섯째, 아이와 꾸준히 대화하며 돈에 대한 이야기에 노출시킬 것. 돈에 대해 가르치는 것이 아니라 돈에 대해 이야기를 나누면 자연스럽게 스며들게 된답니다.

아이들에게 이렇게까지 하는 목적은 따로 있어요. 소득과 소비, 투자에 대한 개념을 인지시키기 위해서예요. 더 나아가 선택과 책임에 대해 알려주고 싶었어요. 돈은 반드시 있어야 하는 존재입니다. 돈은 저절로 생기는 것이 아니라 내 노력이 필요한 영역이라는 것을, 돈을 벌기 위해서는 내 시간을 써야 한다는 것을 가르치고 싶었어요. 어느 순간 아이들은 돈을 벌려면 쉬고 싶은 시간이나 하고 싶은 일을 하는 시간을 어느 정도 포기해야 한다는 것을 인지하기 시작했어요. 더 나아가 돈은 일해서 버는 것이지만 돈이 돈을 벌어온다면 그만큼 시간을 선택할 자유가 늘어난다는 것도 차차 알아가게 되겠지요.

성인이 되어 용돈을 관리하던 방식대로 월급을 관리한다면, 버는 족족 써버렸던 지난날 저와 같은 실수는 하지 않게 될 거예요. 돈에 대해 이야기하기 시작하면서 아이들은 자연스럽게 돈을 대하고 생각하고 관심을 갖게 되었어요. 여기서부터가 진짜 시작이에요. 다음 장에서 더 자세히 풀어볼게요.

아이들에게 투자 DNA
심어주는 방법

* * * * * * * * * *

"엄마! 이거 내 키움 증권에 넣어줘."

막내가 꼬깃꼬깃 접힌 5만 원을 내밀었어요. 어쩌다 만나는 어른들이 주는 용돈이 생기면 아이들은 그 돈을 소원 통에 넣거나 투자 계좌에 넣어달라고 말해요. 이번에도 저와 함께 간 북토크 자리에서 어떤 준이 주신 돈을 저에게 내민 거예요. S&P500을 살 거라면서요. 아이들은 자신의 증권계좌에 모인 투자금으로 정기적으로 S&P500 ETF를 1~2주씩 사고 있어요. 둘째 아이는 가격이 비싸든 싸든 개의치 않고 결심한 날짜에 과감히 매수 버튼을 누릅니다. 저는 막내에게서 받은 5만 원을 키움증권 계좌에 넣어주고 예수금 확인 차 계좌를 열어보자고 했어요.

"막둥아, 이미 13만 원이나 있었네. 이거 왜 모아놨어? 뭐 사려고?"

"정말? 사는 거 깜빡했어. 엄마, 지금 사도 돼?"

"사는 건 좋은데 13만 원을 한 번에 사지 말고 이번 주에 3주, 다음 주에 3주. 이렇게 나눠서 살까?"

"조금씩 사는 게 더 좋은 거야?"

"지금보다 더 오를 수도 있고 더 떨어질 수도 있어서 한 번에 사는 건 위험해. 조금씩 나눠서 사는 게 좋지."

"아! 그럼 오늘 2주만 살래!"

매번 설명해줘도 막내는 바로 이해하지 못해요. 분할 매수에 대해서도 아이가 질문할 때마다 '자산을 살 때는 기간과 금액을 나눠서 사는 거'라고 알려주지요.

아이는 13만 원이라는 큰돈을 ETF를 꾸준히 사기 위해 계좌에 모아둔 거였어요. 원래는 로블록스 주식을 사는 것이 목표였어요. 그런데 최근에는 둘째 형을 따라 S&P500 ETF를 아무 생각 없이 그냥 산답니다. 철저히 심리를 배제한 채 자신이 선택한 종목에 대해 기간과 금액을 정해서 나눠 사는 투자 방법을 아이는 이미 체득하고 있었어요.

2022년 하반기에 미국 주식시장이 상당히 하락했어요. 아이들 역시 자기 계좌가 마이너스가 되자 적잖이 당황한 눈치였어요. 한숨을 쉬던 둘째 아이가 항변하듯 말했어요.

"미국 왜 이래요?"

"은행에서 금리를 올리면 너는 가지고 있는 돈을 집에 둘래, 은행에 넣을래? 은행에서 이자를 적게 주다가 갑자기 두 배를 준다고 하면 투자를 생각하던 사람들은 안전한 곳에서 돈까지 많이 준다고 하니 은행에 돈을 넣고 싶어져. 그러다보니 가지고 있던 주식 중에서 수익 난 것을 처분해서 예금으로 보내려는 사람이 많아지는 거지. 팔려는 사람들이 많아지면 그만큼 가격은 낮아질 수밖에 없겠지? 주식을 팔려고 내놓은 사람들이 많아서 그런 거야. 나중에 주식을 사고 싶어 하는 사람이 더 많아지면 가격은 다시 올라갈 수 있어. 사람들이 언제 주식을 사고 싶어 할까?"

"은행에서 이자를 다시 적게 준다고 하면?"

"맞아. 지금은 가격이 떨어진 상태니까 네가 원래 사던 것을 지금 사두면 할인받아 사는 것과 같아. 그러니 팔지 말고 더 사야 할 때겠지?"

"아, 그러네."

그러고서 S&P500 ETF 2주를 또 사는 둘째. 몇 달이 지난 후 아이는 이렇게 말했습니다.

"엄마, 그때 마이너스 8%였잖아. 지금 다시 플러스 6%가 됐어. 오, 신기하네. 진짜 엄마 말처럼 되네."

미국 기준금리가 인하되지 않았지만 급격한 상승을 멈추고 동결 혹은 한두 번의 추가 상승 정도로 예측이 되자 자산 시장은 다시 움직였어요. 2022년 10월 이후 미국 주식시장은 다시 상승 분위기로 전환되었고 가격에 흔들리지 않았던 둘째 아이의 주식계좌에는 다시 따뜻한 바람이 불었죠. 아이는 자신의 주식계좌에 분배금이라는 이름으로 돈이 입금되니 신기해했어요.

첫째 아이는 자율주행 관련 ETF인 DRIV ETF를 사고 있어요. 동생들은 S&P500 ETF를 사는데 왜 다른 것을 사냐고 물어보니, 앞으로 자율주행 관련 산업이 더 확대될 거라고 해요. 아직 상용화되지 않은 시장이라는 거죠. 대부분의 사람들이 자율주행차를 타는 시대가 오면 DRIV ETF 안에 편입된 회사들은 돈을 잘 벌게 될 것이니 지금부터 모아야겠다고 하더라고요. 이렇게 첫째 아이는 늘 미래를 그리곤 했답니다.

코로나가 한창이던 2020년 말에는 뜬금없이 디즈니가 괜찮을 것 같다고 말했어요. 왜 그렇게 생각하냐고 물으니 세 가지 근거를 제시하더라고요. "첫째, 디즈니랜드가 폐장했고 마블 영화 개봉이 전부 미뤄졌지만 코로나가 끝나면 다시 장사를 할 테고 그때 가면 디즈니랜드는 돈을 잘 벌 수 있을 것이다. 둘째, 한국에 디즈니플러스가 들어오는데 그렇게 되면 디즈니는 돈을 벌 수 있는 또 하나의 사업체가 생기는 것이다. 셋째, 지금 사서

190달러 넘으면 팔 생각이지만 마블 영화를 너무 좋아하니 디즈니 주식은 계속 가지고 가도 좋다." 아이의 근거가 확실했기에 지지해줬어요. 아이는 176달러에 매수해서 192달러에 매도했답니다.

아이와 투자에 대한 이야기를 나눌 때는 왜 그렇게 생각하는지 이유를 반드시 물어봐야 해요. 이런 질문이 반복되면 아이도 나름대로 투자 근거를 찾으려고 노력한답니다. 아이들은 제가 읽고 난 경제신문에서 읽을 수 있는 기사 위주로 보면서 몰랐던 부분도 알아가고 서로 토론 아닌 토론도 해요. 투자라는 거창한 단어를 말하지 않더라도 시간이 지나면서 자산이 어떻게 변화하고 있고 앞으로 어떻게 될지 계속 이야기를 나누는 과정에서 자연스럽게 스며들게 되지요.

물론, 근거를 가지고 투자하며 계속 투자 공부를 하고 있는 엄마가 먼저 본보기가 되어야 아이도 따라오겠지만 말이에요. 어렵지 않아요. 일상생활 속에서 아이들과 자연스럽게 대화의 물꼬를 트면 스며들게 된답니다.

내 돈이
나를 먹여 살린다

* * * * * * * * * * *

저는 어릴 때부터 풍족하게 살지 못했어요. 그때는 그렇게 사는 게 당연한 줄만 알았죠.

그랬던 제가 엄마가 되면서 바뀌게 됐어요. 아이를 떼어놓고 일을 하다 보니 아이에게 좋은 것만 해주고 싶어졌죠. 아이들에게 가난을 물려주고 싶지 않았어요. 시간에서 자유로워져 아이들과 함께 시간을 보내고 싶었답니다. 그러기 위해서는 일하지 않더라도 먹고 살 걱정이 없어야 했어요. 그래서 내 돈이 돈을 벌어오는 삶을 목표로 하기 시작했죠. 일하지 않아도 한 달에 500만 원만 들어오면 소원이 없겠다고 생각하게 됐어요.

"당신은 일하지 않고 한 달에 1,000만 원이 생긴다 해도 일할 거예요?"

넌지시 남편에게 물어봤죠. 남편은 그게 어떻게 가능하겠느냐며 일이나 열심히 하자고 했어요. 하지만 저는 생각이 달랐어요. 남편은 어린 나이에 돈을 벌기 위해 상경했고, 낯선 땅에서 닥치는 대로 일해서 모은 돈은 본가로 보냈던 착한 사람이죠. 그런 남편을 60세 넘어서까지 돈 때문에 일하게 하고 싶지는 않았어요.

저는 주식 투자부터 시작했지만 목표는 건물주였어요. 남편은 4층짜리 꼬마 빌딩을 사서 1층에서는 장사를 하고 2~3층은 임대 월세를 받고 4층에서 가족이 함께 사는 삶을 꿈꿨어요. 2017년 당시 가지고 있던 돈으로는 꿈도 못 꿀 일이었죠. 저는 종잣돈 1억을 모아 부동산 투자를 시작하려는 작은 목표를 세웠어요. 계산해 보니 2019년 12월에 1억이 모이게 되기에 그때부터 부동산 공부를 시작하려고 생각했죠. 그런데 살고 있던 집의 매매가가 하루가 멀다 하고 올라가니 1억을 모은 다음에 공부를 시작하면 늦을 것 같았어요. 종잣돈을 모아가면서 공부하기로 계획을 바꿨고 2019년 5월부터 부동산 공부를 시작했습니다.

드디어 2019년 9월, 예상보다 빨리 종잣돈이 모여 바로 부동산 투자를 시작했어요. 내 돈이 돈을 벌어와 나를 먹여 살리는 시스템을 만들기 위한 첫 시작이었답니다. 동시에 가지고 있던 주식은 한 달에 한 번 배당금이 들어오도록 바꾸었어요. 2018년부터 시작한 미국주식의 수익이 커져 포트폴리오를 조정해 매월 배당금이 들어오게 하니 2019년 하반기부터는 30만 원어치의 달러가 통장에 들어왔어요. 미국주식으로 보낸 내 돈이 매월 30만 원을 벌어오는 거예요. 주식을 사면 살수록 이 돈의 크기도 함께 커졌답니다.

2019년 9월에 시작한 첫 부동산 투자는 성공적이었어요. 3,000만 원이 오르면 팔아야겠다고 생각하고 시작한 첫 투자였는데 3개월 만에 3,000만 원이 올라 투자금을 회수할 수 있었죠. 그렇게 생긴 돈으로 2채를 샀고,

각 부동산이 5,000만 원씩 오른 덕분에 다시 팔아 좀 더 좋은 아파트를 살 수 있었죠. 그러고도 돈이 남더라고요.

2020년 3~5월에는 코로나 때문에 다들 집을 잘 보여주려 하지 않았어요. 2020년 6월 이전에 집을 팔면 과한 세금을 내지 않아도 된다는 정책으로 다주택자들이 너도 나도 집을 내놓은 그 시기에 저는 치열하게 임장을 다니며 준비한 덕분에 거의 돈을 들이지 않고도 집을 살 수 있었어요. 다들 코로나 때문에 움츠러들어 집을 보러 다니지도 않았고, 집을 팔고 싶은 사람이 많다보니 집값이 많이 하락했었거든요. 그 해 하반기에 부동산 가격이 다시 폭발적으로 상승하자 큰돈 들이지 않고 산 집들은 억대의 수익을 안겨주었어요. 제 돈들이 시간과 흐름을 타고 돈을 벌어 다시 저에게로 돌아온 것이지요.

돈이 그렇게 돈을 벌어오는 사이 저는 부자마녀라는 페르소나를 잘 키워 온라인 사업을 통해 돈을 벌기 시작했어요. 일하지 않고도 들어왔으면 좋겠다는 매월 500만 원이라는 목표는 이미 달성했고요. 돈이 벌어온 돈으로 좀 더 넓은 평수로 이사 가서 아이들에게 방 하나씩을 주게 되었어요. 지금은 최선을 다해 하고 싶은 일에 매진하면서 돈을 벌고 있어요.

지금은 예전과 달리 몸을 써서 일하지 않아요. 시간도 제가 원하는 대로 쓸 수 있으니 일하는 것이 어찌 힘들 수 있겠어요? 행복하게 일하면서 돈을 버니 돈이 더 따라와 주더라고요. 제 돈이 저희를 먹여 살리는 삶의 선순환이라고 할 수 있어요. 이렇게 저는 자본주의 사회에서 살아남는 데 최적화된 시스템에 올라타게 되었답니다.

재테크에도 단계가 있다

* * * * * * * * * *

　재테크를 시작하고 얼마 지나지 않았을 때 증권사 직원이 추천하는 펀드에 덜컥 가입했다가 손해를 본 적이 있어요. 돈을 잃고 나서야 남들이 추천하는 투자를 생각 없이 따라하면 안 된다는 책의 글귀가 보였어요.
　재테크 계단을 오를 때 순서대로 밟고 올라가야 흔들리지 않고 다음 단계로 나아갈 수 있답니다. 탄탄한 재테크의 단계별 계단을 살펴볼까요?

1단계는 짠테크와 돈 관리 계단이에요. 아낄 수 있는 것은 최대한 아끼고 안 쓸 수 있다면 안 쓰는 소비 통제가 가장 강력한 힘을 발휘하는 단계죠. 절약, 절제, 저축은 지지부진하고 성과가 바로바로 나오진 않지만 꼭 다지고 가야 하는 주춧돌과도 같아요. 자본주의 사회에서 더 버는 것도 중요하지만 그보다 더 중요한 것이 덜 쓰는 거예요. 종잣돈 3,000만 원이 만들어질 때까지는 다른 투자를 하기보다 아끼고 안 써서 모아야 해요. 종잣돈을 모으는 동안은 책을 읽으면서 투자를 준비하는 시간이라고 생각하세요.

2단계는 현금의 자산화 계단이에요. 현금만 모으다가 투자를 경험하는 출발점이지요. 물가는 계속 오르기 때문에 계속 현금만 가지고 있으면 손해예요. 그래서 투자를 해야 해요. 꼭 돈이 많아야만 투자할 수 있는 건 아니에요. 앞으로 가치가 올라갈 곳으로 현금을 옮겨놓는 것을 '투자'라고 생각하면 돼요. 투자라고 하면 흔히 주식이나 부동산을 떠올리죠. 저도 처음에는 주식을 잘 몰랐고 부동산에 투자할 만큼의 큰돈은 없었기에 모두 외면했어요. 막상 투자해야겠다고 맘먹으니 덜컥 겁이 나더라고요. 그때 책을 통해 주식에 대해 잘 몰라도 소액으로 투자할 수 있는 방법을 알게 됐어요. 바로 ETF와 펀드였어요. 소액으로 여러 종목을 모아놓은 상품에 투자할 수 있는 방법이었죠. 그 안에는 여러 가지 주식 종목들이 모여 있기 때문에 해당 기업들이 돈을 잘 벌면 투자한 우리에게도 수익이 생긴답니다.

3단계는 안전 자산 계단이에요. 대표적으로 금과 달러에 투자하는 단계를 말하죠. 사회가 불안하면 사람들은 금이나 달러처럼 안전한 자산을 가지고 있으려고 해요. 그러니 금이나 달러는 수익을 목적으로 하기보다 경제가 안 좋아질 때를 대비해서 조금씩 사두는 것이 좋아요. 지금은 금리가 굉장히 높은데 이 상태가 계속되면 위기가 찾아올 수 있어요. 그럴수록 사람들은 더더욱 주식이나 부동산 등을 빨리 처분하고 안전 자산을 가지고 있으려고 합니다. 찾는 이들이 많아지면 귀해지고, 귀해지면 가격은 오를 수밖에 없어요. 금은 실물로 살 수도 있지만 주식처럼 1g씩 살 수도 있어요. 달러도 환율이 괜찮을 때 조금씩 환전해 두면 됩니다.

4단계는 투자의 끝판왕 계단이에요. 주식과 부동산이지요. 내 돈이 한두 푼 들어가는 것도 아닐 뿐더러 가격이 시시각각 변하기 때문에 미리미리 준비해야 하는 투자 방법이랍니다. 타이밍을 잘못 잡아 어설프게 투자하면 돈을 잃기 쉬워요. 주식에 투자한다는 것은 내가 선택한 기업과 동업하는 거예요. 부동산에 투자하려면 사람들이 많이 살고 싶어 하는 지역과 집의 가치를 볼 줄 알아야 합니다. 봐야 할 데이터가 한도 끝도 없겠지만 내 돈이 들어가는 이상 최소한의 준비는 하고 시작해야 할 거예요.

지금 내가 어느 단계에 있는지 아는 것은 어렵지 않아요. 지금까지의 경험이 현재 나의 레벨이라고 할 수 있어요. 남의 말을 듣고 해본 경험 말고 내 선택에 따라 판단하고 결정한 바로 그 경험 말이죠. 아끼면서 열심히 저축만 해온 사람이라면 현재 1단계 짠테크 계단에 있으니 2단계 현금의 자산화 계단으로 올라설 준비를 하세요. 어쩌다 남의 말을 듣고 덜컥 주식이나 부동산에 투자해 봤다 해도 4단계라고 할 수 없어요. 스스로 선택한 투자가 아니기 때문이에요.

3단계 안전 자산 계단에 가보고 그마저도 잘 모르겠다면 2단계 현금의 자산화 계단으로 내려가 다시 하나씩 알아보고 경험하세요. 현재 올라서 있는 계단을 잘 안다면 그곳에 내 돈을 옮겨놓는 이유를 스스로에게 설명해 보세요. 자신에게 이유를 말할 수 있는 투자를 할 때 비로소 진짜 나의 단계에 맞는, 탄탄한 재테크 계단 위에 올라서 있다고 할 수 있습니다.

4장

그래서 주식은

어떻게 시작하나요?

주식 투자의 첫걸음, 계좌 만들기

* * * * * * * * * * *

'테슬라로 1300% 수익률을 거둬 경제적 자유를 이뤄 퇴사했다.'

이 글을 보면 어떤 생각이 드나요? 아마 '나도 주식 투자 한번 해볼까?'라는 마음이 생길 거예요. 혹자는 '나도 테슬라 한번 사볼까?'라며 테슬라 주식을 사는 방법을 찾아보겠죠.

저도 주식 투자에 관심이 생겨 책부터 읽기 시작했는데 뭐가 뭔지 알아듣지 못하겠더라고요. 그래서 인터넷과 유튜브를 검색했는데, 정보가 넘쳐나다 보니 어디서부터 어떻게 시작해야 좋을지 몰라 난감하더라고요.

'매매'는 알았지만 '매수'가 사는 건지 파는 건지도 몰랐어요. 한창 펀드 열풍이 불 때 주식계좌를 만들어봤지만 주식 창에서 직접 주식을 사본 적은 없었거든요. HTS, MTS 등 인터넷에서 '주식 사는 법'을 검색했을 때 나오는 단어들은 저를 혼란스럽게 만들었어요.

그래서 기초 용어부터 공부해야 해요. 영어 공부의 기초는 파닉스와 단어 암기잖아요. 아는 단어가 많아야 들리는 단어가 많듯이 주식도 마찬가지랍니다. 경제 공부가 어렵고 생소한 이유는 용어가 장착되지 않아서예요. 투자하기 전에 많이 쓰는 주식 용어를 알아둔다면 주식 투자를 준비하는 마음에도 불이 붙을 겁니다.

그렇다고 용어만 내내 본다면 재미가 없을 거예요. 직접 해봐야 이해하기 쉬운 법이니까요. 일단은 주식계좌부터 개설하세요. 주식계좌 화면에 익숙해져야 용어도 쉽게 이해할 수 있어요. 요즘에는 스마트폰으로 비대면 계좌 개설이 가능해요. 아는 증권사가 있다면 앱을 설치하고, 아는 증권사가 없다면 NH나무증권이나 미래에셋증권 등을 설치해 보세요. 주식의 '주'자도 모르던 남편도 나무증권 앱에서는 혼자 주식을 사고판답니다. 아이들은 기업은행과 연계된 키움증권을 쓰고 있어요.

회사의 주식을 사고파는 것을 주식 투자라고 합니다. 주식이란 한마디로 회사의 주인이라는 것을 나타내는 문서예요. 이 문서는 '1주' 단위로 사고팔죠. 주식을 사는 것을 '매수', 파는 것을 '매도'라고 해요. 주식을 살 때는 시장가, 즉 현재 거래되는 가격대로 사거나 지정가, 즉 스스로 가격을 정해서 사기도 합니다. 누군가가 팔려고 내놓은 주식을 사면 나도 그 회사의 주주가 될 수 있어요. 주주란 회사의 주인 권리를 가진 사람을 말하는 것으로, 주식을 사면 그 회사에 대한 권리도 나에게 함께 오는 거예요.

회사의 경영은 회사에서 일하는 사람들이 직접 하지만 간접적으로 주주가 함께 경영하기도 합니다. 일단 주주가 되면 주식을 사고파는 것만 생각하지 않았으면 해요. 회사는 돈을 많이 벌수록 주인인 나에게 수익을 가져다주기 때문이에요. 단지 얼마를 버는 데 목적을 두지 말고 함께 경영하는 마음으로 주식을 봤으면 해요. 당장의 가격 변동에 울거나 웃지 말고 내가 그 회사의 주인이라는 마음으로 꾸준히 지켜보세요.

ETF로 작은 돈 나무 심기

✶ ✶ ✶ ✶ ✶ ✶ ✶ ✶ ✶ ✶

　투자와 적금 중 어떤 것이 더 어려울까요? 투자를 한자로 풀어보면 投(던질 투), 資(재물 자)예요. 내가 원하는 곳으로 정확히 던지기 위해서는 많은 연습이 필요하고, 그 과정에서 시행착오도 겪죠.

　적금을 한자로 풀어보면 積(쌓을 적), 金(쇠 금)이에요. 쌓는 것은 상대적으로 던지는 것보다 원하는 곳에 놓을 확률이 높을뿐더러 쉽죠. 마음 편하게 돈을 옮겨놓을 수 있는 곳도 투자보다는 적금일 거예요. 처음부터 주식이나 부동산에 투자하려고 하면 두려울 수 있어요. 혹시라도 손해를 보면 어쩌나 걱정도 되죠. 그러니 본격적으로 투자를 시작하기 전에 현금을 자산화시키는 일을 조금씩 해보면 좋겠어요.

제가 처음에 재테크를 시작할 때는 금리가 계속 떨어지는 상황이어서 적금으로 목표치를 이루기엔 부족해 보였어요. 결국 은행이자보다 조금만 더 벌면 된다는 마음으로 선택한 것이 ETF 투자였어요. ETF는 주식과 펀드의 장점을 모두 가진 투자 방법이라고 배웠거든요.

ETF는 Exchange Traded Fund의 줄임말로, 지수를 따르는 투자 방법이에요. 어떤 지수 안에는 우리가 잘 아는 회사들이 모두 모여 있기 때문에 각각의 회사 주식을 사는 것보다 리스크를 줄일 수 있어요. ETF는 하나의 펀드를 주식시장에 올려두고 주식처럼 1~2주 단위로 사고팔 수 있어요. 경제지표 트래킹을 매일 하는 우리에게 딱 맞는 투자법이라고 할 수 있죠. 또 1주의 가격도 비싸지 않아 소액으로 접근할 수 있어요.

코스피 지수를 따르는 ETF를 샀다면, 코스피 지수가 오른 날에는 ETF 수익률도 올라가고 코스피 지수가 떨어지면 ETF 수익률도 떨어져요. 굉장히 명확하죠.

코스피 지수를 따르는 ETF에는 어떤 것이 있나 살펴볼게요. 찾아보면 ETF 앞에 영어 단어가 보일 거예요. 각각의 영어 단어는 증권사에서 붙인 브랜드예요. TIGER는 미래에셋, KODEX는 삼성자산운용, SOL은 신한자산운용, RISE는 KB자산운용 등 앞에 붙은 브랜드를 보고 어떤 증권사에서 만들고 관리하는지 알 수 있어요. 모두 코스피 지수를 따르기 때문에 수익률에서 크게 차이가 나지 않아요. 만약 좀 더 안정적으로 규모 있는 투자를 하고 싶다면 시가총액이 가장 크고 거래량이 많은 KODEX200 ETF를 사면 된답니다. 구성 종목을 살펴보면 삼성전자가 28.78%로 제일 많은 비중을 차지하고 있고, SK하이닉스가 7.94%, 현대차가 2.76% 순으로 되어 있다는 것도 알 수 있어요.(24.09.04. 기준, 구성 종목과 비중은 시점에 따라 달라질 수 있습니다.)

저는 왜 ETF를 작은 돈 나무라고 부를까요?

분배금이라는 이름으로 배당금이 들어오기 때문이에요. 배당금이란 월세와 같은 개념으로, 정해진 기간에 ETF 소유자에게 일정 금액을 이체해 주는 것을 말해요. KODEX200 ETF의 경우 1월, 4월, 7월 그리고 10월에 배당을 해줍니다. 배당금은 ETF에 투자해 놓은 돈이 많을수록, 기업들의 실적이 좋을수록 더 많이 들어옵니다. 그래서 돈이 돈을 벌어오는 작은 돈 나무라고 부를 수 있지요.

어떤 기업의 수익률이 좋을지 우리는 알 수 없어요. 봐야 할 지표도 많습니다. 대박 수익률을 가져다 줄 수 있는 숨겨진 종목을 찾기보다 수익을 많이 거둘 확률이 높은 기업들을 모아놓은 시장 전체를 사는 게 간단하고 투명한 투자 방법이에요. 인덱스 펀드의 창시자 존 보글도 "건초 더미에 있는 바늘을 골라내느라 애쓰지 말고 건초 더미 전체를 사라."고 했어요. 개별 종목을 고르느라 애쓸 것이 아니라 개별 종목이 포함되어 있는 시장 전체를 사면 시간과 노력을 들이지 않고 시장만큼의 수익률을 가져갈 수 있습니다.

빠듯한 월급인데 무슨 돈으로 ETF를 더 살 수 있을까요? 어렵지 않아요. 오늘 써서 없어졌을 돈을 아껴서 ETF에 투자한다면 월급의 출혈을 막으면서 은행이자 이상을 벌 수 있게 돼요. 지출을 아껴서 자산을 사는 것, 그야말로 현금의 자산화가 이뤄지는 거죠.

오늘 고깃집에 가서 고기를 먹으면 최소한 10만 원 이상을 쓰게 되는데, 2만 원어치 고기를 사다가 집에서 먹으면 8만 원을 아끼는 셈이니 8만 원을 ETF에 투자하면 되는 거예요. 그러면 써서 없어졌을 8만 원은 시간이 흐른 후 수익으로 돌아오게 되지요. 혹시라도 ETF가 크게 손실이 나더라도 어차피 그 8만 원은 외식으로 써서 없어졌을 돈이었으니 부담도 없어요.

현금의 자산화는 바로 이런 거예요. 현금이라는 형태의 내 돈을 쓰지 않고 가치가 올라갈 자산으로 옮겨두는 것. 내 월급에 출혈을 일으키지 않더라도 지출을 줄이는 대신 ETF를 사서 넣어둔다면 소비로 없어질 그 돈은 나중에 돈을 벌어주는 돈 나무가 된답니다. 처음의 시작은 작은 돈 나무지만 이것들이 시간을 먹고 자라면 울창하고 커다란 돈 나무가 되어 더 많은 열매를 안겨줄 거예요.

매일 경제지표를 적으면 돈의 흐름이 보이니 지금 가격이 하락해도 다시 올라가게 될 것이란 걸 알기 때문에 불안하지 않습니다. 지표가 내려서 수익률이 낮아지더라도 가격이 떨어진 셈이니 이런 할인 기회에는 더 많은 자산을 사면서 수익률을 높일 수 있고요. 장기로 꾸준히 투자하게 될 경우 시장수익률 그 이상을 가져가게 되는 것은 당연한 이치예요. 큰 부자는 못 되더라도 은행 적금보다 돈이 모이는 속도가 빠르다는 것을 느낄 수 있어요. 오늘 커피 한잔 안 마시는 대신 그 돈으로 사게 될 코스피 ETF를 검색하는 것부터 바로 시작하세요.

기왕이면 미국 시장을 사는 건 어때?

* * * * * * * * * *

투자는 시간을 먹고 덩치가 자라기 때문에 내가 투자한 곳이 무럭무럭 자랄 수 있도록 기다려줘야 해요. 투자는 꾸준히 적립식으로 기간과 금액을 나누어 모아가야 해요. 그렇다면 장기로 투자할 경우 한국보다는 미국에 더 믿음이 가겠죠? 세계 경제를 좌지우지하는 미국이니만큼 다른 나라보다는 믿음이 갈 수 밖에 없어요.

ETF에 투자한다면, 더군다나 장기로 꾸준히 모아

간다면 미국 시장을 사는 건 어떨까요?

우리나라 시장 전체를 담는 코스피에 투자하는 ETF가 있듯이 미국 시장 전체를 담는 ETF도 있어요. S&P500 지수를 따르는 ETF가 대표적이에요. S&P500은 1926년부터 시작되어 역사가 깊은 지표로, 스탠다드 앤 푸어스라는 회사에서 미국 시장 전체의 기업 중 500곳을 선별해 기업들을 담아놓고 그 주머니 자체를 지수로 표시한 거랍니다. 미국에서 가장 돈을 잘 버는 회사 500곳이 다 들어가 있다고 보면 돼요. 그러니 S&P500 지수를 따르는 ETF를 산다는 건 미국 시장 전체를 사는 것과 같다고 볼 수 있어요.

S&P500 ETF를 사는 방법은 크게 두 가지예요. 우리나라 증권사나 미국 주식시장에서 사면 됩니다.

첫째, 우리나라 증권사에서 S&P500 ETF를 사는 방법이에요.

우리나라 증권사 계좌를 개설한 후 증권사 메인 화면에서 '미국 S&P500'를 검색하면 국내 ETF 중에 미국 S&P500 ETF가 나온답니다 미국 S&P500 앞에는

TIGER, KODEX, ACE 등의 브랜드 이름이 붙어있어요. 어떤 ETF를 사야 할지 모르겠다면 이렇게 해보세요. 규모가 큰 곳은 미래에셋의 'TIGER 미국 S&P500', 배당을 더 많이 해주는 곳은 한화의 'PLUS 미국 S&P500', 수수료가 저렴한 곳은 삼성자산운용의 'KODEX 미국 S&P500TR ETF'입니다. 이 중에서 하나를 선택해 1~2주씩 차곡차곡 모아보세요. 시가총액이 크고 거래량이 많은 곳은 그만큼 많은 사람들이 선택한다는 것이니 믿을 만하지요. 저희 아이들은 용돈을 모아 미래에셋에서 운용하는 'TIGER 미국 S&P500 ETF'를 조금씩 모아가고 있답니다. 아이들도 쉽게 사는 만큼 직접 해보면 그리 어렵지 않아요.

둘째, 미국 주식시장에서 직접 S&P500 ETF를 사는 방법이에요.

첫 번째 방법보다는 몇 단계를 더 거쳐야 하지만 어렵지 않아요. 해외 주식계좌를 개설한 후 돈을 입금하는데, 달러로 환전을 해야 해요. 로그인해서 나의 계좌 정보를 들여다보면 예수금으로 달러가 어느 정도 들어 있는지 볼 수 있어요. 미국 주식시장은 한국 시간으로 밤 11시 30분~오전 6시에 열리니까 그 시간대에 접속해 실시간으로 사거나 주식시장이 열리기 전에 예약 매수라는 시스템을 이용해 얼마나 살 것인지 미리 예약할 수 있어요.

미국 주식시장에 상장되어 있는 S&P500 ETF는 이름이 조금 달라요. 긴 영어 이름을 모르더라도 약자로 검색하면 쉽게 알 수 있답니다. 대표적인 S&P500 ETF는 SPY, IVV, VOO 이렇게 3가지예요. 가장 많이 알려져 있고 거래 규모가 큰 것은 SPY예요. 미국 S&P500에 직접 투자하고 있다고 말하는 사람은 대부분 SPY를 샀을 확률이 높답니다. 세 가지 ETF 모두 S&P500 지수를 따르기 때문에 수익률의 차이는 없어요. 다만 수수료나 거래량, 거래규모의 차이는 있답니다.

장기적으로 꾸준히 ETF를 모아가세요. 주식 계좌에서 사는 것도 좋지만 노후를 대비한 연금저축펀드계좌에서 사도 좋아요. 노후자금을 연금보험으로 준비하기도 하지만 보험보다 주식이 수익률이나 수수료 면에서 더 유리하답니다. 장기로 꾸준히 모아서 노후에 대비하기 위한 목적이라면 연금저축펀드에서 S&P500을 모아가길 추천해요. 연금저축펀드에서는 해외 ETF를 직접 매수하지 못하니 국내에서 살 수 있는 미국 S&P500 ETF를 매월 조금씩 모아가는 거죠.

연금저축펀드는 증권사에서 별도로 개설해야 해요. 연금저축펀드계좌에 돈을 이체해두고 그 돈으로 미국 S&P500 ETF를 사면 된답니다. 절세의 방법으로 활용할 수 있는 장점이 있는 반면, 연금 수령 이전에 해지하게 되면 받은 혜택을 모두 토해내야 할 수도 있으니 지속 가능한 금액만큼 조금씩이라도 모아두면 된답니다.

중요한 것은 조금씩 사서 꾸준히 모으는 거예요. 당장 큰 수익을 가져다주지 않더라도 미국 S&P500 ETF

는 시간을 먹고 자라 큰 자산이 되어줄 거라고 확신해요. 축적된 시간은 절대 실망을 주지 않아요. 기왕 사서 모을 자산이라면, 미국 시장 전체를 사는 것도 시간에 투자할 우리에게는 좋은 방법이라고 할 수 있어요. 오늘 나의 증권사 앱을 열어 미국 S&P500을 검색해 하나씩 알아보는 것부터 시작해봐요, 우리!

소액이 거금으로, 무시할 수 없는 복리의 힘

✳ ✳ ✳ ✳ ✳ ✳ ✳ ✳ ✳ ✳ ✳

여기저기 심어놓은 내 돈이 빨리 2배가 되면 참 좋겠지요?

2배의 법칙을 다른 말로 '72의 법칙'이라고 해요. 72를 이자율로 나누면 원금의 2배가 되기까지의 기간을 알 수 있어요. 예를 들어, 은행이 매년 8%의 이자를 줄 경우 원금이 2배가 되는 때는 72를 8로 나눈 값인 9년이 돼요. 72의 법칙은 복리의 마법이 얼마나 강력한지 수학적으로 보여줍니다.

복리는 상상 이상으로 큰 힘을 발휘해요. 은행에 돈을 저축하면 원금에 은행이자가 더해져요. 이후 원금과 이자를 다시 원금으로 삼아 이자가 계산되므로 시간이 지날수록 이자는 더 커져요. 그래서 어릴 때부터 저축이나 투자를 하면 유리한 거예요. 복리의 마법으로 인해 우리의 돈은 시간이 지날수록 점점 더 빨리 증가하게 됩니다.

'이거 아껴봤자 얼마나 하겠어?'
'이렇게 한다고 어느 세월에 부자가 되겠어?'
이런 생각으로 시작조차 하지 않는다면 그만큼 돈이 먹고 자랄 시간을 줄이는 것이기 때문에 결국 부자가 될 수 없답니다.

적은 돈이라도 복리의 힘을 타고 시간을 먹고 자랄 수 있도록 지금부터라도 매일 돈의 일부를 아껴서 저축하거나 투자해야 해요. 적금 만기가 되면 원금과 이자 모두 다시 저축해야 복리를 얻을 수 있어요. 주식 투자를 할 때도 현재 가장 장사를 잘하는 기업의 주식이나 미국 시장 전체를 사는 S&P500 ETF를 매월 조금씩 사서 모은다면 시간이 지날수록 원금과 수익이 함께 커진 답니다.

지금은 소액일지라도 시간이 흐른 뒤에는 막강한 힘을 가진 돈으로 되돌아오게 돼요. 그야말로 소액이 거금으로 불어나 나에게 또 다른 돈을 벌어주는 구조가 되는 거죠.

"당신이 마시는 라테 한잔은 당신이 노후를 편안하게 보낼 수 있는 기회를 뺏는다."

데이비드 바크는 《자동 부자 습관》에서 이를 '라테 이펙트' 혹은 '라테 효과'라고 했어요. 내가 사 마시는 라테의 가격만큼 연 수익률 10%인 곳에 장기 투자하면 한 잔의 비용이 엄청난 금액으로 되돌아옵니다. 매일 라테 한 잔을 마시는 대신 5,000원을 연 수익률 10%인 곳에 장기 투자한다면 10년이 지나 라테 한 잔의 가격은 3,200만 원으로 돌아온답니다.

무조건 돈을 쓰지 말자는 말이 아니에요. 습관적으로 쓰던 돈을 안 쓰는 대신 시간을 먹고 자랄 곳으로 옮겨둔다면 써서 없어지는 돈이 아닌, 돈이 돈을 벌어오는 구조가 생기는 거예요. 돈 나무를 하나 더 심게 되는 거죠. 가치 있고 의미 있는 곳에 돈을 쓰되 불필요한 돈은 투자로 전환해 다시 돈을 벌어올 수 있게 하면 된답니다.

이렇게 모은 돈을 일정 금액이 됐다고 해지하면 안 돼요. 복리의 힘을 위해 이 돈은 노후가 될 때까지 계속 모아가야 해요. 소액의 힘을 믿고 꾸준히 모아 복리의 힘에 기댄다면 소액은 거금으로 돌아옵니다. 노후 대비가 부족하다면 지금부터라도 시간의 힘에 태워서 돈을 보내보세요. 그 돈이 거금으로 돌아오게 되는 날, 꽤나 든든해질 거예요. 복리의 힘은 그만큼 무섭고도 강해요. 처음에는 그 효과가 미미할지 몰라도 매일, 매주, 매월 꾸준히 모아간다면 그 끝은 찬란하게 빛나게 됩니다.

투자에도
루틴이 필요해

* * * * * * * * * *

현금을 자산으로 옮겨두었다면 자산이 시간을 먹고 자랄 수 있도록 지켜줘야 해요. 혹시라도 떨어질까 불안해서 약간 수익이 났을 때 판다면 아직 자본주의의 속성을 모르는 거예요. 소탐대실(小貪大失)에 딱 들어맞는 투기일 뿐이죠.

"10년 이상 갖고 있지 않을 주식은 단 10분이라도 보유하지 마라."

오마하의 현인으로 알려진 워런 버핏은 장기 투자를 강조하고 또 강조했답니다. 현재의 부는 50대 이후 형성되었다고 말하는 워런 버핏은 복리의 힘을 가장 잘 이용한 투자자예요. 그는 투자를 일찍 시작했고, 장기 투자했으며, 부화뇌동하지 않고 자신의 투자 원칙을 지켰어요. 생각을 배제한 채 기간과 금액을 정해두고 그 날짜에 그 금액만큼을 기계처럼 모으면 시간이 쌓이고 결과적으로 부자가 될 수 있어요.

투자에도 루틴이 필요해요. 하루 종일 기업을 분석하고, 추세를 확인하고, 오를 가능성이 높은 기업을 발굴할 수는 없잖아요. 우리는 전업 투자자가 아니에요. 어떻게 모든 시간을 주식 투자에 쏟을 수 있겠어요? 우리가 선택할 수 있는 전략은 현재 장사를 잘하는 기업, 소비자와 굉장히 밀착된 기업, 누구나 사용하는 친숙한 제품을 만드는 기업, 소비자의 주머니에서 돈을 빼가는 기업을 공부하고 그 기업의 주식을 계속해서 모아가는 거예요.

한 회사의 주식을 갖는 순간 우리는 그 회사와 동

업하는 사이가 돼요. 그 회사가 장사는 잘하는지, 회사를 경영하는 CEO의 마인드와 철학이 나와 맞는지, 앞으로 주도하게 될 사업군에 속해 있는지, 앞으로도 장사를 잘할지 등을 판단하는 것은 차트를 분석하지 못해도 충분히 할 수 있어요. 꾸준히 책을 읽고 경제신문을 보고 사회의 트렌드를 살펴보는 것은 전문적인 지식이 뛰어나지 않아도, 하루 종일 시간을 투자하지 않아도 가능합니다. 우리가 관심의 끈만 놓지 않는다면 말이죠.

내가 선택한 회사의 주식을 얼마에 살 것인지 금액을 정한 다음에는 적금 들듯이 한 달에 한 번 돌아오는 그 날짜에 그 기업의 주식을 사고 동업하듯 계속 기업의 활동에 귀를 기울여봅니다. 회사가 꾸준히 장사를 잘한다면 투자 루틴을 계속 이어가고, 아니다 싶으면 비중을 줄여요. 내가 선택한 회사를 끝까지 믿기 위해선 믿을 수 있는 근거를 마련한 다음에 주식을 사야 해요. 저는 2019년에는 매월 15일에 애플 주식 50만원 어치를 사기도 했고, 지금은 매주 월요일에 미국 주식시장에서 S&P500 ETF인 SPY 1주를, 매주 화요일에는 금 1g을 사고 있어요.

꾸준히 사서 모으겠다고 생각한 자산은 가격이 오르내리는 것과 무관하게 내가 정한 루틴에 따라 사고 있답니다. 그 외 주식은 내가 생각한 수익률에 도달하는 순간 뒤도 안 보고 팔아요. 생각을 배제한 채 사는 것, 다른 말로 무지성 매수라고 해요. 내가 정한 기준에 따라 무조건 사는 무지성 매수는 투자 과정에서 인간의 심리를 배제할 수 있기 때문에 오히려 남들을 따라 사는 것을 막을 수 있어요. 기준을 정하지 않은 채 투자한다면, 상승장에서는 다시 그 가격에 못 살 것 같아 자신의 원칙을 어기고 무리하게 사게 됩니다.

카카오 주식이 한창 주목을 받을 때였어요. 카카오 주식을 10만 원대로 산 남편은 연일 뉴스에서 카카오가 오른다고 하니 계속해서 사더군요. 사기 전에 15만 원이 되면 팔겠다고 말했으나 확실하지 않았던 모양입니다. 카카오가 1주에 15만 원이 되자 20만 원은 갈 것이라는 유튜브 영상을 보고 고민하다가 결국 팔지 않더라고요. 카카오가 장중 17만 원선을 터치하자 진짜 20만 원을 넘을 것 같다고 흥분하기도 했어요. 그런데 갑자기 정부에서 카카오를 규제하기 시작하면서 카카오 주식은 곤두박질쳤어요. 한번 떨어지기 시작한 가격은 다시 15만 원을 돌파하지 못했고요. 남편은 15만 원에 팔지 못해 아쉬워하다가 결국 카카오 회사를 원망하기까지 했답니다.

팔기로 한 주식이 내가 생각한 선까지 올랐다면 더 오를 것 같아 팔지 못해 결국 수익을 보지 못하는 경우가 생각보다 많아요. 때로는 사놓고 제발 올라주기만을 바라기도 하고요. 기준 없이 투자한다면 하락장에서는 지금보다 더 떨어질 것 같아 사지 못한답니다. 싸게 사서 비싸게 판다는 간단한 진리는 사람의 심리 위에선 현실성 없는 명제가 됩니다. 타이밍을 잡아 투자하는 것은 우리의 영역이 아니에요. 싼지 비싼지는 지나봐야 알기 때문이에요. 기준을 두고 원칙에 맞게 투자해야 하죠.

저는 수강생들에게 생활비에서 아낀 돈을 이미 썼

다고 생각하고 미국 S&P500 ETF를 사도록 했어요. 매월 1~2주씩 사기 시작한 거죠. 운 좋게 미국 주식시장이 바닥일 때부터 시작했어요. 계속 흐름을 파악하고 있었기 때문에 가능했답니다. 수강생들은 지금도 스스로의 기준에 따라 지출을 통제해 만든 돈으로 꾸준히 자산을 모으고 있어요. 노후에 쓸 용도로 모으니 꾸준히 자산을 모을 수 있다며 입을 모아 말합니다. 1년 동안 저와 함께했던 한 수강생은 11개월 차에 수익률 10%를 넘기더니 제 강의가 끝난 이후에도 꾸준히 자산을 모아 수익률 20%를 넘기기도 했어요.

매수 주기와 금액을 정해두는 투자의 루틴을 만드세요. '○○ 주식은 매월 ○일 ○원만큼 산다'라는 원칙을 정했다면 그 날짜에 그 금액만큼은 무조건 사야 합니다. 최근 소수점 투자 서비스를 제공하는 증권사도 많아졌기 때문에 소액으로 조금씩 모아봐도 좋아요. 비싼 주식도 1,000원어치 또는 1만 원어치 등 나눠서 살 수 있답니다. 토스에서는 주식 조각 모으기 서비스를 통해 정해둔 기간에 일정 금액만큼 그 주식을 모을 수 있게 설정할 수 있어요. 투자에도 루틴을 만들어두면 타이밍을 공부할 필요가 없어요. 꾸준히 사서 모으는 자산은 시간을 타고 복리로 돌아올 거예요. 자본주의 사회에서 살아남을 수 있는 가장 단순하고도 강력한 방법이 되어줍니다.

숨 쉬듯 읽다 보면
회사의 주인이 된다

* * * * * * * * * *

ETF를 사고팔다 보니 자연스럽게 주식에 대해 관심이 생겼어요. 그런데 막상 주식을 사려고 하니 모르겠더라고요. 그래서 증권사 PB가 직접 하는 미국주식 투자에 대한 강의를 들었어요. 그 강의를 들었던 사람들이 수익을 많이 거뒀다고 하니 더 믿음이 갔어요. 강의가 끝난 후에도 강사는 수강생들에게 추천 종목이나 매수 등에 대한 정보를 제공해 주었어요.

미국주식을 처음 접한 저는 환전을 어떻게 하는지,

해외 주식은 어떻게 매수하는지 몰라 헤맸어요. 귀찮을 법도 한데 강사는 자세히 알려주었어요. 저는 강사의 조언대로 달러 환전 후 정해준 종목을 정해진 분량만큼 샀고, 팔라고 하면 바로 팔았습니다.

하지만 강사는 어떤 때에 왜 사고팔아야 하는지 이유는 알려주지 않더라고요. 이렇게 계속 시키는 대로 사고팔다간 평생 저 강사에게 의지해야 하는 게 아닐까 하는 두려움이 스멀스멀 올라왔어요. 결국 몇 달 후 저는 텔레그램방을 나왔어요. 다행히 수익이 난 종목은 팔아서 제가 자주 사용하는 제품의 회사와 익숙한 기업의 주식을 조금씩 사기 시작했어요.

저는 주식을 사기 전에 왜 이것을 사는지 스스로에게 이유를 설명하려고 합니다. 그래야 손실을 보더라도 왜 틀렸는지 파악하고 분석할 수 있기 때문이에요. 이유 혹은 기준, 근거가 사소해도 괜찮았어요. 잘 모르는 건 알아가면 그만이라고 생각했죠. 계속해서 투자하다 보니 부족한 부분이 보였고, 기업에 대해 더 공부하고 싶어졌어요. 다른 사람들은 어떻게 보고 있는지도 궁금해졌답니다. 그래서 기업에 관심을 두기 시작했어요.

책의 힘은 컸습니다. 책을 읽다 보니 조금씩 생각의 폭이 넓어지더라고요. 관심을 가지고 알아보기 시작했을 때 나름 이해되는 내용들이 많아진 것을 보니 책에서 읽은 내용들이 머릿속에 차곡차곡 쌓여 있다가 빛을 발한다는 것을 알게 됐어요. 매일 경제신문 기사를 골라 기사를 선택한 이유를 작성하던 습관도 도움이 되었어요. 가계부를 쓸 때도 거시 경제지표를 기록하니 관련 내용들에 당연히 관심이 갈 수밖에 없었죠. 매일 조금씩 스며들듯이 해온 여러 가지 습관들이 작심하고 덤볐을 때 큰 자산이 되어주었답니다.

이제 막 주식에 관심이 생긴 초보자라면 다음 세 가지 루틴을 기억하세요. 매일 주식과 관련된 책을 10분만 읽을 것, 거시 경제지표를 꾸준히 적을 것, 경제신문에서 기사를 하나 고를 것! 이 세 가지 기본 루틴이 주식 투자의 단단한 베이스가 되어줄 거예요.

주식 투자를 시작하고 싶지만 엄두가 나지 않을 수 있어요. 투자하고 싶은 기업을 정해 깊이 분석하고 공부할 것, 기업의 재무제표를 찾아볼 것, 기업의 사업 실적을 찾아볼 것, 전문가들의 의견을 자주 접해볼 것, 차트를 분석해 볼 것 등 챙겨야 할 게 너무 많죠.

사업 보고서, 재무제표, 분기 보고서, IR 자료, 증권사 리포트 등 봐야 할 자료도 엄청 많았어요. 매일 11시간을 장사하며 애 키우던 저로서는 도전할 엄두가 나지 않았어요. 그렇다고 사전 지식 없이 투자하는 건 말도 안 되는 일이었죠. '할 수 있는 것부터 하나씩 하자!' 실현 가능한 방법이라야 지치지 않고 오래갈 수 있기 때문에 해볼 만한 것을 선택하기로 했어요. 최소한 전문가들의 의견을 자주 접해보는 것은 바로 할 수 있을 것 같았답니다.

전문가들의 의견 중 초보자가 쉽게 접할 수 있는 건 무엇일까요? 바로 증권사 리포트예요. 증권사 리포트란 증권사에 소속된 애널리스트가 기업을 분석해서 자신의 의견을 문서로 만든 것을 말해요. 처음에는 그냥

PDF 파일을 받아 읽기만 하세요. 독서의 연장이라고 생각하니 수월하게 읽을 수 있었어요. 물론 애널리스트라고 다 맞는 말만 하는 것도 아니고, 그들의 예측이나 분석이 틀릴 수도 있어요. 허나 전문가들이 어떤 시선으로 그 기업을 바라보는지는 그들이 작성해 놓은 문서만 봐도 충분히 알 수 있답니다.

증권사 리포트는 한경 컨센서스 사이트, 네이버 증권 사이트, 구글, 리포트 서머리, 각 증권사 등에서 무료로 볼 수 있어요. 저는 네이버 증권에서 제공하는 증권사 리포트를 주로 챙겨 보고 있답니다.

한경 컨센서스(https://consensus.hankyung.com)는 주식 투자자라면 기본적으로 보는 사이트예요. 기업, 산업, 시장 등 여러 증권사에서 발행하는 다양한 리포트들이 업로드되어 있어요. 관심 있는 종목을 집중적으로 찾아볼 때 활용하면 좋은 곳이죠.

네이버페이 증권(https://finance.naver.com)에서 제공하는 증권사 리포트는 좀 더 가독성 있게 정리되어 있어요. 주로 시황, 투자, 종목, 산업, 네 분야에 올라온 리포트를 찾아보면 됩니다. 전반적인 시장의 흐름을 파악하는 데 도움이 된답니다.

시간이 정말 없어 바빠 움직여야 할 때에는 당일 올라온 증권사 리포트를 서너 줄로 요약해 놓은 리포트 서머리(http://comp.wisereport.co.kr)를 이용하기도 해요.

대부분의 증권사 리포트에는 투자 의견이 적혀있어요. 아무것도 몰랐을

때는 무엇을 사라거나 팔라는 말을 명확하게 해주는 게 좋아서 투자 의견만 읽기도 했어요. 하지만 애널리스트 개인의 의견일 뿐이니 참고만 하세요. 증권사 리포트에는 목표 주가도 적혀있는데, 추세가 어떤지 파악하는 정도로만 알아두면 좋아요. 어떤 기업에 대한 전문가의 의견을 접한다는 정도여야지 투자 판단의 기준은 될 수 없어요.

이렇듯 숨 쉬듯 꾸준히 증권사 리포트를 읽다 보면 어느새 내 회사처럼 속속들이 알게 됩니다. 전문가가 정리한 리포트를 읽는 것은, 반에서 1등하는 친구의 필기 노트를 보고 공부하는 것과 같기 때문이지요. 꾸준히 읽다 보면 어느새 용어에 익숙해지고 기업에 대한 나만의 관점도 만들어지니 잡지나 책 읽듯이 가볍게 시작해 보세요.

스스로 기업을 분석할 수 있는 기적

* * * * * * * * * * *

내가 선택한 회사가 장사를 잘하고 있는지, 앞으로 좋아질 것인지, 혹시 빚이 많아 부실한 기업은 아닌지 등을 알아볼 수 있는 중요한 자료가 있어요. 바로 재무제표랍니다.

재무제표란, 회사의 재무 상태와 경제활동을 보여주는 중요한 문서예요. 이 문서 하나만 제대로 볼 줄 안다면 스스로 기업을 분석할 수 있는 힘이 생기는 셈이에요.

재무제표에 나오는 모든 내용을 꼼꼼히 보기는 쉽지 않겠지만 여기서 말하는 부분만큼은 꼭 챙겨 보면서 재무제표와 친해지면 좋겠어요. 재무제표는 두 군데에서 찾아볼 수 있어요.

첫째, 다트 전자공시시스템(https://dart.fss.or.kr)이에요. 금융감독원에서 관리하는 사이트로, 사이트에서 회사명을 입력하면 여러 보고서가 나와요. '정기공시'에 체크하고 검색한 뒤 가장 최근의 분기 보고서와 그 이전의 반기 보고서를 클릭해 '연결 재무제표'를 살펴보면 됩니다. 자료가 워낙 방대하고 많은 정보를 담고 있어서 주식 투자에 어느 정도 익숙해지고 난 뒤 정식으로 찾아보는 것을 추천해요.

둘째, 네이버페이 증권(https://finance.naver.com)이에요. 초보자가 보기엔 네이버 증권 화면이 더 편할 수 있어요. 관심 있는 기업을 검색해서 회사 이름을 클릭하면 주가부터 지금까지의 가격 변동 그래프, 투자 정보 등 다양한 정보를 한눈에 볼 수 있지요. 여기서 '종목분석' 탭을 클릭한 뒤 화면 아래쪽으로 내려가면 'Financial

나는 돈으로 행복을 삽니다

Summary', 즉 연결 재무제표를 정리해 둔 표가 보일 거예요. 현재 상태를 노란색 셀로 구분해 두었기 때문에 보기가 쉬워요.

이 표에서 매출과 이익, 부채에 해당하는 숫자를 1년 혹은 3개월 단위로 비교해 보면 추이를 알 수 있어요. 많이 팔고, 이익이 많아지고, 빚이 줄었다면 좋은 신호겠지요? 그리고 조금 어렵겠지만 꼭 봐야 하는 4가지 지표 ROE, EPS, PER, PBR을 꼭 챙겨 본다면 좋은 기업을 고르는 눈이 생길 거예요.

ROE는 자기자본 이익률을 뜻해요. 기업이 자기 돈을 얼마나 잘 써서 이익을 냈는지 나타내는 수치죠. 3년 동안 쭉 15% 이상 되는지, 계속 늘고 있다면 장사를 잘 하고 있는 기업이라고 볼 수 있답니다.

EPS는 주당순이익의 줄임말이에요. 회사가 벌어들인 돈을 주식 하나당 얼마씩 벌었는지 알려주는 숫자예요. EPS가 높다는 것은 회사가 주식 하나당 많은 이익을 남겼다는 뜻이거든요. 주식을 살 때는 EPS가 높은 회사를 찾아보는 게 좋아요.

PER은 주가수익비율의 줄임말이에요. 주식을 사는 데 들어간 돈에 비해 벌어들이는 돈이 많다는 뜻이죠. 숫자가 낮을수록 저평가되어 있다고 생각할 수 있어요. 보통은 낮은 PER을 가진 주식을 찾으려 하거든요.

　PBR은 주가순자산비율을 뜻해요. 회사의 순자산에 비해 주식 1주의 가격이 얼마나 되는지를 나타내는 지표예요. PBR이 1이라면 주가와 회사의 순자산 가치가 같다는 뜻이고, 1보다 낮으면 저평가된 주식이라고 볼 수 있어요.

　좋은 주식을 찾을 때는 기본적으로 재무제표를 보고 해석할 수 있어야 하지만 회사의 다른 정보들도 함께 고려해서 판단해야 해요. 여러 가지 정보들을 보면서 재무제표와 친해지면 1차적으로 좋은 주식을 선별하는 데 도움이 될 거예요.

　이 정도로 기업을 분석할 줄 아는 것만도 너무 잘하고 있으니 관심 가

는 회사가 있다면 꼭 재무제표를 챙겨 보세요. 어느새 스스로 기업을 분석할 수 있는 기적이 생겨나 스스로가 기특해질 거예요. 열심히 모은 피 같은 내 돈이 투입되는 투자이니 만큼 그저 남의 말만 믿거나 감에 의지한 채 투자하지는 않아야겠지요? 가장 중요한 것은 잃지 않는 투자니까요.

무섭다면 모의투자로 연습 먼저 해보기

✳ ✳ ✳ ✳ ✳ ✳ ✳ ✳ ✳ ✳

투자에 연습이 있다면 얼마나 좋을까요?

투자는 연습도 없고 리셋은 더더욱 없어요. 유명한 강사의 강의를 듣거나 책과 블로그, 유튜브 영상을 보더라도 실컷 관련 투자에 대해 말한 다음 결국 투자는 전적으로 자신이 책임져야 한다는 말로 한 발 물러서지요. 조언을 듣고 판단하는 것도, 투자에 대한 책임을 지는 것도 온전히 자신의 몫이에요. 남의 말만 듣고 혹은 자신의 감만 믿고 투자해놓고 오매불망 오르기만을 바라는 것은 무책임한 행동이에요.

다행히도 투자하기 전에 연습 삼아 경험해 볼 수 있는 방법을 발견했어요. 증권사에서 만들어놓은 모의 투자 시스템을 이용해 투자의 간접경험을 해볼 수 있답니다.

실제 돈이 들어가지는 않지만 실제 투자 화면에서 현재 가격 그대로 주식을 사고팔 수 있답니다. 모의 투자 시스템에서 제공해 주는 가상의 사이버머니로 투자할 뿐 실제 기업의 주가 변동이나 사고파는 시스템은 현실과 똑같아요. 모의 투자에서 마이너스가 되면 내 돈을 잃은 것마냥 속이 아팠죠. 분석한 기업에 대해 나름의 투자 판단이 섰다면 직접 투자하기 전에 감을 익히기 위해서라도 모의 투자를 해보면 어떨까요? 지금부터 자세히 안내할 테니 한번 시도해 보세요.

앱스토어나 플레이스토어에서 '모의 투자'를 검색하면 여러 가지 앱이 나와요. 저는 미래에셋증권에서 출시한 'm.Stock

모의투자' 앱을 선택했어요. 메인 화면이 실제 증권사 앱과 동일한데, 오른쪽 위에 있는 설정 버튼에 '모의투자'라고 적혀있어요.(사진 출처: 미래에셋증권 m.Stock 모의투자)

모의투자 메뉴에는 상시 모의투자와 그룹 모의투자가 있는데, 여기서 상시 모의투자를 선택합니다. 참가 신청 화면이 나타나면 필명을 입력하고 중복 확인을 해요. 투자 부문 및 기간 설정에서는 어떤 상품에 얼마의 금액과 기간을 투자할지 정해요. 투자 부문에서는 국내 주식, 해외 주식, 선물 옵션, 해외 선물 중에서 고를 수 있는데, 여기서는 국내 주식과 해외 주식을 체크하세요. 투자금은 100만~5억 원에서 선택할 수 있어요.

처음이라면 3,000만 원으로 설정하는 게 좋아요. 우리가 종잣돈을 모아 투자할 수 있는 현실적인 금액이기 때문이죠. 투자 기간에서는 장기 투자를 지향하므로 6개월을 선택합니다. 개인정보 제공 동의와 관련한 내용을 확인한 후 참가 신청을 하면 완료되었다는 알림이 뜹니다. 다시 앱에 접속하면 본격적인 주식 거래를 시작

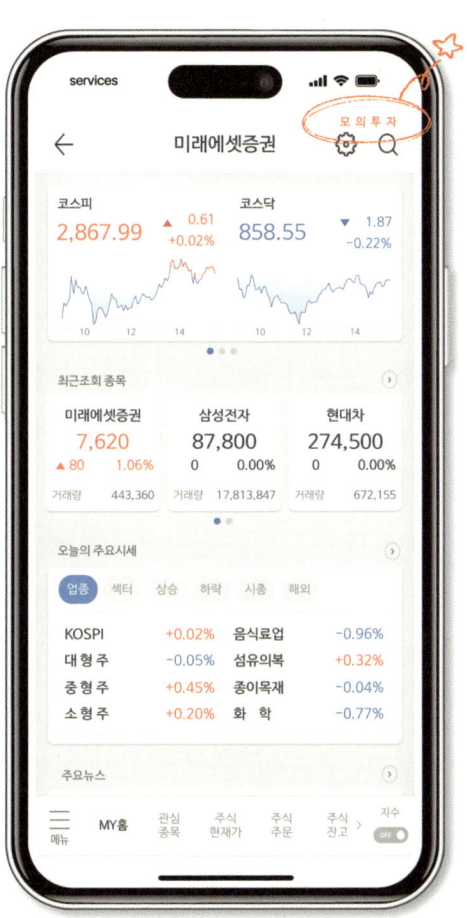

실전 투자가 겁난다면
모의투자로 연습해 보세요.

제 4 장 / 그래서 주식은 어떻게 시작하나요?

할 수 있어요. 저는 본격적으로 주식 투자를 하기 전에 모의투자부터 경험을 해서 많은 도움이 되었답니다.

처음에 모의투자를 시작하자 마자 수익이 났어요. '이게 실제 내 돈이라면 얼마나 좋을까' 생각이 들 정도였어요. 시간이 지나 손실이 나자 실제였으면 큰일날 뻔 했겠다 싶었어요. 시장 상황에 따라 마음이 시시각각 바뀌었어요. 투자는 심리 게임이라는 말은 진리였죠. 기업을 고르는 자신만의 기준, 투자 원칙과 철학이 자리 잡혀 있지 않으니 비록 모의투자에서 수익이 나긴 했지만 또 같은 결과물을 내기는 어렵더라고요. 투자할 때 다른 사람이나 감이 아닌 자신의 원칙과 철학, 선택에 기대야 하는 이유예요.

투자는 단순히 감의 영역도 아니고 기도를 한다고 오르는 것도 아니에요. 주식 투자는 부동산 투자에 비해 데이터가 선명하지 않기 때문에 수많은 정보들을 어떻게 조합하고 해석하고 선택하느냐에 따라 투자 결과가 천차만별이죠. 당연히 주관적인 생각이 개입되기 쉽기 때문에 변별력도 크답니다. 주식의 특성상 가격변동성도 크기 때문에 웬만한 경험 없이는 쉽게 살아남기 어려운 부분이기도 해요. 여전히 부동산보다 주식 투자가 좀 더 어려운 것도 현실이고요.

    초보자가 기업에 대한 모든 내용을 찾아볼 수는 없겠지만 할 수 있는 만큼 알아보고 자신의 판단을 토대로 투자를 결정할 수 있어야 해요. 그리고 본인이 선택한 기준대로 실제 투자도 해봐야 진짜 실력이 된답니다. 투자 경험을 시작하기에 가장 좋을 수 있는 모의투자를 그렇게 활용하니 큰 도움이 되었어요. 모의투자를 통해 쌓은 경험으로 실전 투자에 나선다면 맹목적으로 투자할 때보다 좀 더 투자의 주도권을 쥐고 시작할 수 있답니다. 내 돈 들어가기 전에 충분한 연습이 되어줄 거예요.

5장

그래서 부동산은

어떻게 시작하나요?

투자자의 마음으로 바라보기

* * * * * * * * * * *

결혼 14년 차가 될 때까지 집을 사야겠다고 생각한 적이 없었어요. 그러다가 2016년에 전셋집에서 쫓겨나다시피 나오게 되면서 '더럽고 치사해서 사고 만다'고 생각하고 아파트를 마련했어요.

그런데 아파트를 계약하고 입주하기까지 3개월 동안 매월 2,000만 원씩 아파트 값이 오르는 거예요. 도통 이해가 되지 않았지만 한편으로는 아무 짓도 안 했는데 집값이 오르니 기분이 좋았죠. 왜 다들 부동산에 열광하는지 그제야 이해가 되기 시작했어요.

아파트를 원하는 사람이 많을수록 아파트 값은 올라요. 이사 갈 집이 없으면 없을수록 전셋가와 매매가 모두 오르고요. 공급이 수요보다 적으면 가격이 올라가고, 공급이 많으면 수요의 선택지가 많아지니 가격은 내려갑니다. 공급과 수요가 교차하는 지점에서 가격이 결정되는 경제 원리를 이해하기까지 한참 걸렸죠.

집은 기본적으로 사람의 생존과 직결되는 필수재예요. 매매와 임대 차이만 있을 뿐이죠. 인구수는 갑자기 늘어났다가 줄어들지 않아요. 수요는 어느 정도 정해져 있으니 결국 공급의 변화에 따라 가격이 결정돼요.

입주하는 해에 공급되는 집이 많다면 선택지가 많아져 나에게 맞는 가격대의 집을 고를 수 있어요. 집이 많지 않으면 집을 팔거나 임대로 내놓는 사람들이 원하는 가격에 맞춰야 하기 때문에 선택의 폭이 좁아집니다. 그래서 해마다 입주 가능한 집의 수량을 알고 있으면 집값이 오를지 내릴지 예측이 가능하답니다.

그래서 저는 아파트에 먼저 투자했어요. 상가나 토

지를 찾는 수요가 아파트보다는 적을 것 같다는 판단에 서였죠. 아파트의 대체재인 빌라나 다가구 주택, 오피스텔 역시 아파트와 함께 봐야 했어요. 해마다 입주 가능한 아파트의 수는 검색해 보면 알 수 있어요.

수요는 인구수와 세대수를 보면 알 수 있어요. 저는 '부동산지인' 사이트에서 챙겨 보고 있답니다. 전국 시도별 인구수를 표로 정리해 두고 매년 인구수의 변화 정도만 체크해 두면 됩니다. 서울부터 시작해 5대 광역시의 핵심지, 세종시, 지방 핵심 도시들의 인구수를 1년에 한 번 정도 정리해 두면 편하죠. 도시별 인구수를 정리할 때는 인구수 40만 명 이상의 도시를 선택하면 된답니다. 인구수가 많은 도시일수록 주택 수요가 많은 건 당연하겠죠?

'수요/입주', '지역분석' 메뉴에서 지역을 선택하고 검색하면 입주 물량 및 인구수, 세대수까지 자세히 나옵니다. 주택에 대해 인구수와 더불어 세대수의 증감까지도 파악해 두면 앞으로 그 도시의 수요를 파악하는 데 도

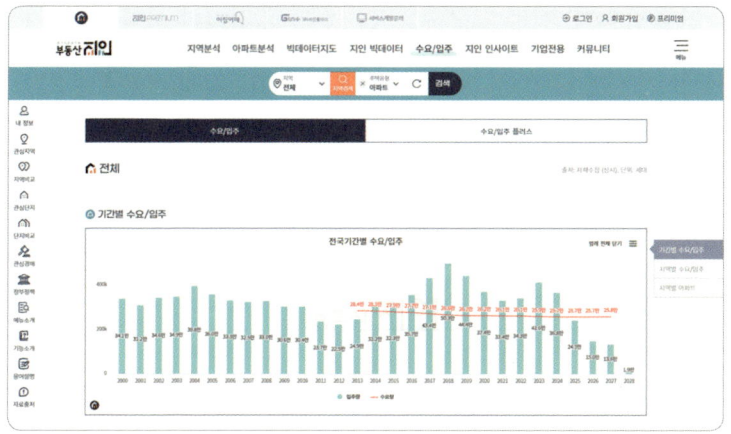

움이 되죠. 누군가가 정리해 둔 것을 보는 것도 좋지만 내가 보기 편하게 정리해 두면 진짜 내 것이 될 수 있답니다. 내 손을 거친 정보라야 내 것이 되기 때문이에요. 인구수는 큰 변동을 보이지는 않겠지만 하나의 지역에서 다른 지역으로 이동하면서 수요는 변하기 때문에 전입과 전출까지 함께 챙겨 보면 더 좋아요.

공급은 입주 물량을 보면 알 수 있어요. 아파트는 완공까지 보통 2~3년이 걸려요. 입주 물량을 체크할 때는 과거가 아니라 지금부터 앞으로 3년 동안 물량이 많아지는 지역, 갑자기 물량이 줄어드는 지역을 먼저 봐두면 좋습니다. 저는 인구수를 조사하면서 정리한 지역들의 입주 물량을 따로 정리하곤 해요. 해마다 이런 자료를 블로그나 에버노트 등에 알아보기 쉽게 정리해 두면 투자할 지역을 선정하는 데 큰 도움이 된답니다. 물량이 많은 지역이라면 투자를 보류해야 하니까요.

내가 들어가서 살기도 하지만 보통 임대를 주면서 세입자를 들이는데, 공급이 많다면 아무래도 원하는 가격을 받기 어려워지죠. 여태껏 공급이 많았다가 갑자기 줄어드는 지역부터 알아보면 시간 낭비를 줄일 수 있어요. 전국 모든 지역을 다 보기에는 시간이 부족하니 입주 물량은 1년에 한 번 정도 정리해서 나의 지적 자산으로 만들어보세요.

부동산은 한 번에 수백만 원에서 수천만 원, 많게는 수억 원이 들어가는 투자 상품이에요. 피 같은 내 돈을 투자하는데 기본적인 체크도 하지 않고 그저 책이나 유튜브, 기사에서 누군가가 추천한다고 살 수는 없지요. 아파트를 사는 것은 내 손에 쥔 돈만 있으면 되는 일이지만 아파트를 파는 것은 다른 차원이랍니다. 아파트를 살 때부터 언제 팔 것인지, 얼마나 보유할 것인지, 이후 자금 사정은 어떻게 가져갈 것인지를 생각해두어야 해요. 투자의 책임은 오로지 나에게 있기 때문이에요. 나의 판단에 따라 수익률은 천차만별이 됩니다.

부동산은 꽤 많은 돈이 투입되는 투자이니 만큼 아는 지역을 많이 늘려나가야 해요. 그 기본이 바로 인구수와 입주 물량입니다. 이제 막 부동산 투자에 대해 생각하기 시작한 사람이라면 부동산지인 사이트에서 '수요/입주'와 친해지세요. 여러 지역의 인구수와 공급 물량을 들여다보면 익숙해질 거예요. 부동산 투자는 여기서부터가 시작이랍니다.

어느 지역부터 봐야 할지 모르겠다면?

* * * * * * * * * * *

　수요와 공급을 살펴봤다면 다음에는 무엇을 해야 할까요? 앞으로 가격이 오를 지역을 알려면 수요와 공급 다음으로 입지에 대해 생각해 봐야 해요. 일단 가격이 올라가려면 사람들이 좋아하는 지역은 물론 선호하는 아파트 단지여야겠지요.

　다시 말해 '입지가 좋은 곳'을 볼 수 있는 눈이 있어야 해요. 저는 어디가 좋은 지역인지도 몰랐고, 가격을 봐도 싼 건지 비싼 건지 판단하지도 못했어요. 누가 지역을 딱 짚어주면 속편할 텐데, 부동산 책에서도 지역을 콕 집어 말해주진 않더라고요.

입지가 좋은 곳이란, 한마디로 사람들이 살고 싶어 하는 지역이에요. 사람들이 너도 나도 살고 싶어 하는 곳은 가격이 비쌀 수밖에 없어요. 입지가 좋은 곳의 부동산은 가격이 오를 때 가장 먼저 많이 오르고 떨어질 때는 가장 늦게 최소로 떨어진다는 점을 꼭 기억하세요.

입지를 결정하는 요소는 일자리, 교통, 학군, 환경이에요. 4가지 요소를 모두 갖춘 곳일수록 입지가 좋겠죠? 여기서는 일자리와 교통을 중점적으로 살펴볼 거예요. 이 두 가지만 챙겨 봐도 앞으로 어느 지역에 투자하면 좋을지 판단할 수 있답니다.

첫째, 일자리. 내가 사는 집과 직장까지의 거리는 삶의 질을 결정하는 중요한 요소예요. 보통은 월급을 많이 주고 복지도 좋은 회사를 좋은 일자리라고 하지요? 좋은 직장에 다니는 사람의 평균 소득도 높은 편이에요. 평균 소득이 높은 사람들은 아파트 구매력도 크기 때문에 거래되는 아파트의 평당가도 높아집니다. 시장에서 형성되는 매매가와 전세가를 충분히 소화한다는 뜻이에요. 그래서 좋은 일자리로 빠르게 출퇴근 가능한 지역의 집값이 상대적으로 비싼 거예요. 하여 앞으로 공급이 부족해지는 지역들 중 평균 소득이 높은 지역부터 번호를 매긴 뒤 순서대로 그 지역을 살펴보세요. 평균 소득을 알아보는 방법은 간단해요. '호갱노노' 사이트에서 '직장인 연봉'을 선택하면 지역별 직장인들의 평균 소득은 물론 동별 평균 소득도 나온답니다.

평균 소득 외에 챙겨 보면 좋은 지표는 시가총액이 높은 회사의 본사 위치예요. 시가총액이 높은 회사일수록 연봉을 많이 줄 테니까요. 네이버에서 '시총 순위'를 검색하면 1위 삼성전자, 2위 SK하이닉스, 3위 LG에너지솔루션이에요. 그럼 삼성전자나 SK하이닉스의 본사 위치를 알아보는 거죠. 만약 본사가 있는 지역이 앞으로 공급물량이 부족해지는 지역과 겹친다면 그 지역들을 유심히 살펴봐야 해요.

둘째, 교통. 선호하는 일자리와 주거지까지의 이

동 거리에 따라 집값이 달라진답니다. 여기에서는 지하철을 중심으로 살펴볼 거예요. 출퇴근에만 왕복 4시간이 걸리는 사람과 30분인 사람의 삶의 질은 달라질 수밖에 없어요. 그래서 지하철로 출퇴근하는 것이 가능한가, 또 얼마나 빨리 출퇴근할 수 있는가에 따라 집값도 달라져요.

가장 쉽고 빠르게 알 수 있는 방법은 서울/수도권 지하철 노선도를 직접 그려보는 거예요. PC로 네이버 지도에 접속하면 지하철 노선도가 나옵니다. 그걸 출력한 뒤 그 위에 흰 종이를 올리고 따라 그리면 지하철 노선에 따라 집값의 바람이 어떻게 흘러갈지 예측 가능해져요. 혈관이라고 생각하면 이해하기 쉬워요. 서울의 핵심지인 강남을 심장에 비유한다면 강남부터 뿜어져 나오는 혈액이 지하철 노선도라는 혈관을 타고 흘러가는 거죠.

더 나아가 새로운 역이 생기면 인근 지역은 더 발전할 가능성이 높아져요. 현재 주목받는 노선이 GTX라는 수도권 광역 급행철도인데요, 이 노선이 개통된다면 강남까지 접근성이 떨어져 관심 받지 못했던 지역들의 수요는 높아질 거예요. GTX는 교통의 흐름을 뒤바꿀 만큼 혁신적이에요. 예를 들어 일산 킨텍스에서 강남까지 가려면 3호선 대화역을 이용했을 때, 1시간 30분가량 걸리는데, GTX A 노선이 개통되면 킨텍스에서 삼성역까지 30분이면 도착하게 된답니다.

그러니 새로 개통될 GTX-A, GTX-B, GTX-C 노선까지 함께 살펴본다면 앞으로 수요가 어디로 쏠릴지, 앞으로 집값이 더 오를 확률이 높은 곳은 어디일지, 아직 개통되기 전이라 저평가되어 있는 곳은 어디인지 알 수 있게 된답니다. 지하철이 새로 개통되는 곳은 소문만으로도 이미 많이 올랐다 하더라도 개통 이후 가격이 더 오르는 경향이 있기 때문에 지하철 노선도와 GTX 노선을 함께 본다면 가격이 덜 움직인 지역을 발견하게 될 거예요.

입지가 좋은 곳의 신축 아파트는 가장 좋은 선택지가 될 수 있어요. 하지만 누구나 다 좋은 곳의 일등 아파트에 투자하거나 거주할 수는 없죠. 입지를 잘 따져서 지역과 지역, 또 아파트와 아파트를 비교해 보면 아직 가격 상승 여력이 더 높은 곳, 아직 덜 오른 곳을 찾을 수 있어 투자의 기회를 만나게 된답니다.

부동산은 흔히 비교 학문이라고 불려요. 하나의 지역만을 보고는 판단하기 어렵기 때문에 결국에는 비교적 덜 오른 곳, 앞으로 더 오를 곳을 선택해 내 돈을 옮겨 싣는 것이 바로 부동산 투자라고 할 수 있어요. 부동산에서 가장 중요한 입지! 지금부터 꼭꼭 챙겨보자고요.

세 가지 사이트만 알아도 부동산 투자는 끝!

✳ ✳ ✳ ✳ ✳ ✳ ✳ ✳ ✳ ✳

　부동산에 대해 잘 모르던 시절에는 마구 오르는 부동산 가격을 보면서 도대체 사람들이 어떻게 알고 사는 건지 신기하고 의아했어요. 이제 막 부동산 투자를 시작하려는 초보자라면 2019년의 저와 별반 다를 게 없을 거예요. 그때의 저처럼 너무 이것저것 닥치는 대로 공부하지는 말라고 조언해 드리고 싶어요.

　제가 2019년으로 돌아간다면, 저는 이렇게 시작해 볼 거예요. 먼저, 부동산 기본 원리나 투자 마인드 정립과 관련된 책 30~50권을 읽으면서 비교적 데이터가 많이 공개되어 있는 아파트부터 살펴볼 겁니다. 둘째, 수요와 공급부터 시작해 입지를 살펴보면서 아는 지역을 하나씩 늘려갈 거예요. 셋째, 본격적으로 여러 지표들을 살펴보면서 지역을 제대로 분석해 나갈 거예요.

예전에는 부동산 투자와 관련된 지표와 데이터를 구하기가 어려웠다고 해요. 인터넷이 발달하고 부동산 거래가 전산으로 투명하게 관리되면서 관련 지표들이 데이터로 공개되었고, 클릭 몇 번이면 관련 지표들을 들여다볼 수 있는 시스템이 만들어졌죠.

코로나 시기 이후에는 새로운 기술인 프롭테크(Prop Tech)가 발달하면서 부동산 투자에 활용하는 사례가 많아졌어요. 투자자에게 있어 데이터 분석은 투자 시장의 동향을 분석하고 예측하는 데 유용한 도구랍니다. 새로운 기술은 투자자들이 좀 더 분석적으로 투자에 접근할 수 있도록 도와주었어요. 많은 프롭테크 관련 사이트 중에서 초보자가 알아두면 좋은 사이트는 3개 정도예요. 컴퓨터 화면을 열고 따라하면 이해하기 쉬울 테니 한번 해보세요.

첫째, 부동산 지인 사이트(https://aptgin.com)예요. 빅데이터를 활용해 지역과 아파트를 분석하거나 수요와 입주에 대한 데이터를 수집할 수 있답니다. 이 사이트 하나만 가지고도 지역 분석하는 데 큰 무리가 없을 정도로 자료가 방대해요. 유료 회원을 위한 프리미엄 정보도 있지만 무료로 볼 수 있는 데이터도 많아요.

둘째, 호갱노노 사이트(https://hogangnono.com)예요. 방대한 지표와 데이터를 직관적으로 지도에 표시해 초보자들이 쉽게 접근할 수 있지요. 신고가, 변동, 거래량, 학원가, 분위지도 등 부동산지인 사이트에서 찾아보기 어려운 지표들도 쉽게 볼 수 있어 활용만 잘한다면 무궁무진하게 데이터를 재생산하거나 나의 가설을 뒷받침해 주는 자료들을 찾을 수 있답니다. 휴대폰 앱으로도 최적화되어 있어서 저는 여행지에서 근처 아파트 시세를 앱으로 확인할 정도로 자주 활용합니다.

셋째, 아실 사이트(https://asil.kr)예요. 이곳도 휴대폰 앱으로 더 친숙한 곳인데, 3가지 사이트 중에서 가장 많은 정보를 보여줍니다. 투자 고수들도 많이 사용하는 앱이랍니다. 보통은 실거래가를 확인하는 정도로만 활용했는데, 나날이 새로운 데이터를 업데이트하면서 좀 더 다양하게 활용할 수 있어요.

아실은 다소 직관적이지 못해 처음에는 어렵다고 느낄 수 있지만 하나의 지역을 분석하는 데 상당히 많은 자료와 데이터를 적용시키고 있어 좀 더 세밀한 분석을 할 수 있게 해준답니다. 3가지 사이트 중 아실 하나만 있어도 지역 분석하는 데 큰 무리가 없을 정도예요. 최근 하락, 최고가, 많이 산 단지, 갭투자, 외지인 투자, 학군 비교 등 다른 사이트에서 활용하지 못했던 지표들로 통계를 내고 있어 더욱 더 유용합니다.

각 사이트를 골고루 활용해 놓치는 지표 없이 하나의 지역을 살펴본다면 그만큼 아는 지역들이 늘어나게 돼요. 앞마당을 늘리면 늘릴수록 나의 투자 영역은 넓어지고 공고해지기 때문에 세 가지 프롭테크를 잘 활용했으면 합니다.

요즘은 정보가 너무 많아서 투자하기가 어려워요. 부동산 시장의 심리가 하락하면 침체가 찾아오고, 아무도 집을 사려 하지 않아 전세로만 머물게 되며, 그 사이에 공급 물량이 줄어들면 전세가는 점점 올라 매매가를 자극해 위로 밀어 올려 결국 매매가 상승으로 이어지는 것이 전통적인 부동산 가격의 흐름이에요. 허나 공개된 정보가 많고 커뮤니티가 활성화되면서 정보 공유가 빠르다보니 흐름이 오기도 전에 매매가가 멀리 달아나버리는 상황도 생기게 되었어요.

요즘 투자자들은 참 빠르고 영리해요. 그렇다고 아무것도 하지 않으면 그만큼 기회는 멀어집니다. 지금 기회가 보이지 않더라도 분석하고 해석하고 현장에 직접 나가보는 노력을 해야 해요. 그렇게 해야만 결국 찾아오게 될 기회를 놓치지 않고 꼭 붙잡을 수 있게 됩니다.

내가 밟은 땅은
모두 돈이 된다

* * * * * * * * * *

2021년 7월부터 지금까지 1,000명이 넘는 회원들에게 일대일 코칭을 해주었어요. 대부분 경제적 자유에 대해 관심이 많은 사람들이기 때문에 당연히 투자에 대한 질문도 많이 해요. 지금이라도 부동산 투자를 준비해야 하는지에 대한 질문이 가장 많았어요.

덧붙여 시간 관리를 어떻게 해야 부동산 투자를 제대로 할 수 있느냐는 질문도 해요. 부동산 투자와 시간 관리가 무슨 관계가 있냐고 물으면, 부동산 투자를 하려면 임장 같은 것을 해야 하는데 당장 시간도, 체력도, 에너지도 없다고 대답해요. 부동산 투자를 얼마나 해봤냐고 다시 물어보면 이제 관심이 생겼다는 사람들이 많았어요.

부동산 투자를 시작하려면 대부분이 임장부터 해야 한다고 착각하곤 합니다. 임장이란, 사전에 조사한 지역을 현장에 가서 확인하는 작업을 말해요. 내가 조사한 것이 맞는지 현장에 가서 직접 보고 확인하는 거죠. 투자하기 전에 그 지역에 직접 가서 확인하는 작업이 필요할 뿐이지, 부동산 투자를 한다고 사전 지식 없이 당장 임장부터 가야 할 필요는 없어요.

부동산 투자에 대해 고민하고 있다면 아는 지역부터 늘려야 해요. 그러고 나서 임장을 시작해도 늦지 않아요. 당장 시간을 뺄 수 없는 상황이라면 지역에 대해 조사해 두는 것만으로도 충분해요. 절실해지면 어떻게 해서든 시간은 뺄 수 있게 되더라고요. 임장 갈 시간이 없어서 부동산 투자를 시작하기가 걱정이라고 하는 건 아직 절실하지 않다는 말과 같다고 생각해요.

부동산 투자가 곧 임장을 뜻하는 것은 아니지만 투자하기 전에 반드시 임장을 통해 직접 확인은 해야 한다는 뜻이죠. 임장을 가기 전에는 그 지역에 대한 지도부터 만들어요. 지역에 대해 조사한 것을 복습하면서 실제로 가게 되면 어떤 순서로 어떤 물건에 초점을 맞춰 볼 것인지 계획을 세우는 거죠. 임장 가기 전 임장 지도를 만드는 것은 반드시 해야 한답니다.

매주 일요일 오전 7시와 오후 9시, 제가 진행하는 돈무적 워크숍에서는 한 달 동안 열심히 참여하고 과제를 모두 완수한 멤버들에게 제가 직접 그린 머니맵 시세 지도를 선물하기도 했어요. 그 지도에는 시세표는 물론 해당 지역의 모든 정보가 표시되어 있기 때문에 그대로 임장을 가기만 하면 돼요. 지도를 만들면서 저 역시 그 지역에 대한 공부를 한 번 더 할 수 있으니 번거로운 작업만은 아니에요.

한 지역의 머니맵 시세 지도를 만들기 위해서 세 단계를 거칩니다.

선택한 지역의 지도를 캡처해 엑셀에 붙이기 → KB 부동산 사이트에서 아파트별 KB 시세 다운로드 → 시세 테이블 파일을 활용해 시세표 만들어 지도에 붙이기

처음에는 지도 하나 만드는 데 1박 2일이 걸릴 정도였지만, 5년이 지난 지금은 2시간도 채 걸리지 않는답니다. 부동산 투자를 이제 막 시작하는 입장이라면 제 방식대로 만드는 것은 무리가 될 수 있어요. 부동산 투자와 임장, 사전조사 등에 익숙해지면 시도해 보길 추천해요.

초보자라면 호갱노노 사이트를 활용해서 간단하게 임장 지도를 만들 수 있어요. 호갱노노 사이트에서 지역을 선택해 아파트의 매매가나 평당가로 표시하고 어떤 경로로 그 지역을 임장하면 좋을지 표시해 출력할 수 있으니까요. '거리'를 활용하면 임장 경로를 지도에 표시해 출력할 수 있어요. 컴퓨터의 캡처 도구를 활용해 호갱노노의 지도를 캡처해서 엑셀에 붙이고 출력해요.

A4 용지에 다 들어가지 않는 넓은 면적이라도 이

부자마녀의 특별한 임장 지도를
독자 여러분께만 살짝 공개합니다!

QR 코드로 간편하게 임장 지도를 확인해 보세요.

① 먼저, 스마트폰을 준비해 주세요.
② 스마트폰의 기본 카메라 앱을 실행합니다.
③ 카메라 앱이 QR 코드를 자동으로 인식하면, 화면에 알림이 나타납니다.
④ 화면에 표시된 알림을 클릭하면, 자동으로 웹 브라우저가 열립니다.

제 5 장 / 그래서 부동산은 어떻게 시작하나요?

어 붙이면 한 장짜리 임장 지도를 만들 수 있답니다.

임장은 크게 세 단계로 나눠서 진행하세요.

첫째, 사전 임장 단계예요. 다짜고짜 공인중개사 사무실에 가서 물건을 보여달라고 하면 안 돼요. 이 단계에서는 전체적으로 지역의 분위기를 살펴보세요. 생소한 지역일 경우 사전 임장이 더욱 더 중요하답니다. 그 지역에 대해 파악하기도 전에 아파트 물건부터 보게 되면 객관적으로 판단하기 어려울 수 있거든요. 매물을 소개해 주는 공인중개사에게 끌려갈 수도 있고요. 그러면 주도적으로 투자 판단을 하기 어려워져요.

내가 선택한 아파트들이 어디에 위치하고 있는지, 그 지역 사람들은 어디로 출근하는지, 거주하는 연령대가 높은지, 아이들이 많은지, 학군지나 상업시설은 어떻게 형성되어 있는지 등 실제로 이사를 갈 사람처럼 꼼꼼하게 확인하세요. 아파트 동 간격이나 일조량, 교통 편리성, 빌라나 다가구 비중 등도 직접 가봐야 알 수 있어요. 전체적인 분위기를 파악하고 출력한 임장 지도에 세세하게 기록하면서 여기에 투자한다면 어떤 아파트를 고를지 선별하면서 전체적으로 훑어보는 단계라고 생각하면 좋아요.

둘째, 집중 임장 단계예요. 지역에 대해 조사하는 단계 혹은 사전 임장을 다녀오면서 투자처로 염두에 둔 물건들의 내부를 직접 확인하는 단계죠. 관심 아파트의 매물을 보유하고 있는 공인중개사와 사전 약속을 하고 물건을 보러 가는 게 좋아요.

일단 네이버부동산에 매물로 올라온 내용을 살펴보면 중개사의 연락처가 나와 있어서 약속을 잡고 방문하면 좋아요. 이때는 시장에 나와 있는 모든 매물을 샅샅이 훑어보는 단계라 간 김에 여러 매물을 이어서 보고 오는 경우가 꽤 많았는데, 여러 개를 보고 나니 머릿속에서 뒤엉켜 구분하기 어려웠어요. 그럴 때는 중개사에게 부탁하세요. 그러면 그날 본 매물을 한 번에 정리해서 문자로 보내주거나 종이에 적어서 사진으로 보내줍니다. 나의 투자 기준에 맞는 매물이 있다면 투자를 결정해도 되지만 임장을 갔다고 해서 무조건 그 지역을 사야 하는 건 아니에요. 중개사의 강력 추천에 떠밀리듯 물건을 사지 않도록 주의해야 합니다.

셋째, 사후 임장 단계예요. 사전 임장과 집중 임장까지 다녀온 뒤 자신만의 스타일로 임장 보고서를 작성해 지도와 함께 보관하는 단계죠. 관심 단지에 담아두고 투자 기준에 맞는 매물이 나올 때까지 모니터링하는 게 필요해요. 지금이 아니라도 기회는 언제든지 오니까 너무 조급하게 투자를 결정하지 마세요. 물론 마구 오르는 상승기에는 빨리 결정해야 좋은 물건을 저렴하게 매수할 수 있겠지만요. 한 박자 여유를 두고 원하는 층수와 동, 가격을 계속 관찰하면서 중개사와 주기적으로 연락해 보는 것도 필요하답니다.

만약 투자를 하게 된다면 거래를 성사시켜 준 중개사와 긴밀한 관계를 유지하세요. 나를 대신해 내 물건을 관리해 주거나 현지의 곤란함을 해결해 주기도 합니다. 한 번 다녀왔다고 끝나는 것이 아니에요. 내가 알게 된 지역 하나가 추가되는 것이기 때문에 당연히 지속적인 추적 관찰이 필요합니다.

"내가 밟은 땅은 돈이 된다."

저의 임장 스승이 수업 내내 강조한 말이에요. 임

장을 많이 다니면 다닐수록 행동에 옮기지 않는 이들이 보지 못한 기회를 만나게 된다는 뜻이죠. 저는 2019년 7월부터 매주 공부한 지역들을 찾아다닐 정도로 열성적이었어요. 그리고 본격적으로 부동산 투자를 시작한 이후에는 더더욱 지역에 대한 조사와 임장에 최선을 다했고요.

임장을 많이 다닌 결과, 짧은 부동산 투자 경력에 비해 상당히 많은 경험을 할 수 있었답니다. 더불어 많은 투자를 실행했고, 그 투자들은 투자금의 몇 배로 저에게 돌아와 주었어요. 스승이 말한 명제는 진리였어요. 내가 밟은 땅은 돈이 되고, 시간을 먹고 몸집을 불려 다시 나에게 돌아온답니다. 부동산 투자에 대해 이제 막 눈을 뜬 사람이라면 더더욱 아는 지역을 늘리기 위해 노력한 뒤 조사한 지역을 직접 밟아봐야 '부동산 투자의 시작'이라는 화룡점정을 찍을 수 있답니다.

투자에는 주식과 부동산만 있는 게 아니었다

✱ ✱ ✱ ✱ ✱ ✱ ✱ ✱ ✱

'투자'라고 하면 대부분 주식이나 부동산부터 떠올립니다. 그러다 보니 잃지는 않을까 불안하고, 뭘 사야 이득이 될지 알 수 없어 걱정이 앞서지요. 투자라는 것을 현금으로 모아둔 종잣돈을 앞으로 가치가 올라갈 자산으로 옮겨놓는다고 규정하고 나면 불안한 마음은 옅어져요. 앞으로 어떤 자산의 가치가 올라갈 것인지만 알 수 있으면 되거든요. 투자하기 전에 열심히 준비하고 알아본 다음 이리저리 따져보고 나름대로 가설을 세워 내가 세운 가설을 뒷받침할 만한 근거를 마련하면 투자를 해도 승산이 있을 거예요.

투자에는 주식과 부동산만 있는게 아니에요. 예금, 금, 달러, 채권, 암호화폐 등 투자처는 다양하답니다.

첫째, 예적금도 투자 방법의 하나예요. 이게 무슨 말인가 싶죠? 금리가 낮을 때는 외면받았던 예적금 시대가 다시 돌아왔기 때문이에요. 2022년 3월부터 미국은 계속 기준금리를 인상해 왔어요. 미국 기준금리가 오르면서 우리나라도 금리를 따라 올릴 수밖에 없게 되었죠. 그렇지 않으면 우리나라에 있는 달러가 계속 밖으로 빠져나가게 되거든요.

금리가 가파르게 오르면서 주식과 부동산 등의 자산 시장이 위축되는 대신 현금의 가치가 높아졌어요. 시중에 풀려있던 돈을 높은 금리가 빨아들이면서 돈이 귀해졌기 때문이에요. 기준금리가 오르자 예적금의 금리도 7~8%에 육박해졌고 잠시 돈을 예치해 두는 파킹 통장마저 3% 내외의 높은 금리를 주게 되면서 한동안 잠

잠했던 풍차 예금, 릴레이 적금 등이 다시 각광을 받게 되었죠. 모네타 사이트(http://www.moneta.co.kr)에 접속하면 최고 금리를 주는 은행을 알 수 있으니 참고해서 현금을 예치해 두세요. 금리가 다시 내려가는 때가 오면 다시 자산 시장으로 돈이 움직이게 될 거예요.

둘째, 금과 달러는 대표적인 안전 자산으로의 투자예요. 안전 자산이라는 이름이 무색하게 수익률의 변동성은 크다는 특징이 있답니다. 수익을 보고 단기 매매하는 자산이 아니라 위기 상황에서 다른 자산의 손실을 메워주는 용도로 조금씩 모아가면 좋아요.

금 투자에는 실물 금을 사는 방법과 금 통장을 개설하는 방법이 있는데, 가장 좋은 방법은 KRX 한국거래소 금 현물 계좌를 개설해 주식처럼 1g씩 주기적으로 금을 사는 거예요. 저는 한 달에 한 번 금 1g씩을 금 현물 계좌에 모으고 있어요. 금리가 급격히 오르면서 경기가 침체되는 상황에 금의 수익률은 65%에 달할 정도로 위기에 빛을 보는 자산이랍니다.

달러는 미국주식을 시작하면서 모으기 시작했어

요. 2018년 하반기 당시 원 달러 환율은 1,130원을 오르내렸기 때문에 1,130원을 기준으로 매월 주기적으로 환전했어요. 1,130원 아래로 내려가면 좀 더 환전을 하고 그 이상이 되면 원래 모으려던 금액만큼만 환전해 달러를 모았죠. 환전한 달러로 미국주식을 사기 시작했고, 배당금이 달러로 들어오면 투자할 원금과 합해 재투자하고 있어요.

　1,330원(24.09.06 기준)을 오르내리는 지금은 처음 환전하면서 설정한 기준인 1,130원을 크게 웃돌고 있어 주기적으로 달러를 환전하는 일은 멈추고 보유하고 있는 달러의 비중을 유지하는 정도로 관리하고 있어요. 기준선을 잡아 환율이 그 아래로 내려가면 투자금의 일부를 조금씩 환전해서 모으는 것을 추천해요. 단, 앞에서 말했듯이 금과 달러는 안전 자산이지만 변동성이 심하니 전체 투자금의 10%를 넘기지 않도록 주의하는 게 좋아요.

　셋째, 채권도 투자 방법이에요. 채권은 쉽게 말해서 정부, 공공단체, 회사 등이 일반인에게 돈을 빌리고

증서를 발행하는 거예요. 상환기한과 이자가 고정되어 있어서 금리 변동에 따라 가격이 변해요. 금리가 오를수록 채권 가격은 떨어지고 금리가 하락하면 채권 가격은 상승하죠. 채권에 투자할 때는 금리가 정점에 있을 때 해야 금리가 하락하면 할수록 채권 가격이 올라가게 되어 수익이 발생한답니다. 즉, 금리가 정점이면 채권 가격은 저점인 거죠. 채권은 대체로 정부나 공공기관이 발행하기 때문에 나라가 망하지 않는 한 안전하다는 인식이 있어요. 채권을 투자하는 방법으로는 국채나 회사채를 매수하거나 채권 ETF를 사는 방식이 있답니다.

넷째, 암호화폐도 투자의 한 방법이에요. 2008년 10월, 사토시 나카모토라는 사람에 의해 개발된 온라인 화폐로, 처음에는 형체가 없어 사람들이 관심을 두지 않았지요. 그런데 지금은 어떤가요? 암호화폐를 도입하는 나라가 점점 많아지고 있고, 화폐의 탈중앙화를 꾀하며 비트코인이 일종의 기축통화 역할을 하고 있어요. 또 키오스크 도입, 완전한 카드결제 시스템 구축, 페이 결제

확산 등으로 현금이나 카드 실물이 없어도 결제가 가능한 세상이 되었어요. 코로나가 그 시기를 굉장히 빨리 앞당겼다고 할 수 있어요. 비트코인이 지향하는 화폐의 탈중앙화가 허황된 이야기는 아닌 거예요. 많은 돈을 넣기에는 리스크가 있다고 생각해서 저는 매일 소액으로 조금씩 비트코인을 모아가고 있답니다. 참고만 해도 좋을 것 같아요.

지금까지 언급된 모든 것을 다 해야 하는 것은 아니에요. 한 번에 모든 것을 준비하기보다는 한 가지가 익숙해지고 그 다음 투자를 위해 지식과 배경, 경험을 쌓아가는 방식으로 차근차근 접근해 나가면 어떨까요?

다양한 투자방법 중에서 나에게 맞는 방식을 찾아 필요한 준비와 과정을 거쳐나가면 내가 주도권을 쥐고 내 돈을 지킬 수 있는 투자를 할 수 있을 거라고 확신해요. 저도 그렇게 시작했고 결과를 냈으니까 누구나 할 수 있습니다.

실패하지 않는 투자, 잃지 않는 투자

✱ ✱ ✱ ✱ ✱ ✱ ✱ ✱ ✱ ✱ ✱

투자에 실패해 본 경험이 있나요? 왜 투자에 실패하게 되는 것일까요?

《투자는 심리게임이다》를 쓴 앙드레 코스톨라니의 말처럼, 투자는 자신의 심리를 다스리지 못하면 백전백패의 게임이에요. 돈을 잃었다고 해서 무조건 투자에 실패했다고는 생각하지 않아요. 돈을 잃었다 하더라도 제대로 복기해서 다음에 똑같은 실수를 하지 않게 된다면 실패한 투자가 아닌 거예요. 실패한 투자란, 돈을 잃고 나서 겁을 먹거나 지레 포기한 뒤에 다시는 투자하지 않는 삶이 아닐까요? 투자자로 살면서 여러 번의 도전과 좌절을 반복하겠지만 시장을 떠나지 않는다면 기회는 다시 온답니다.

저에게도 실패한 투자가 있어요. 돈에 대해 알아가기 시작하면서 대출, 돈, 노후, 빚 등의 단어가 들어간 책을 모조리 빌려 읽던 시기였죠. 외국의 재테크 서적을 보면 항상 뮤추얼펀드가 나오더라고요. 심지어 커피 한잔을 연 12% 수익률의 뮤추얼펀드에 투자한다면 노후는 지금과 전혀 달라질 것이라는 글귀까지 보게 되니 뮤추얼펀드에 대해 더욱 더 궁금해진 거죠. 책을 읽다 말고 근처의 증권회사를 찾아갔어요.

"뮤추얼펀드 가입시켜 주세요!"

당당히 요구하는 저를 본 창구 직원은 박 과장에게 가보라고 하더군요. 저는 박 과장에게 책에서 본 12% 수익을 낸다는 뮤추얼펀드에 가입하러 왔다고 말했어요. 안경 너머 동그래진 눈으로 저를 바라보던 박 과장은 차근차근 저에게 알려주더라고요.

"어디에서 듣고 왔는지 모르겠지만, 우리나라에는 아직 널리 알려진 상품은 아닙니다."

그러면서 잘 모르는 상품 말고 이런 건 어떠냐며 낯선 상품을 권해주었죠. 뮤추얼펀드에 꽂혀있던 저는 상품의 안내문을 받자마자 상품명에 들어가 있는 '고밸류'라는 단어에 사로잡혀 그 상품에 가입했답니다. 펀드에 대해 잘 알지도 못했을 뿐더러 무려 증권사 과장이 소개해 주는 거니까 잘 모르는 뮤추얼펀드보다 낫겠다고 생각한 거예요.

가입 직후부터 제가 가입한 펀드는 연일 마이너스 수익률을 보여주었어요. 파란색으로 찍힌 숫자를 볼 때마다 속상했죠. 왜 이런 상품을 추천해서 마음고생 시키느냐며 애먼 사람을 원망하기까지 했어요. 계속 떨어져 마이너스가 나느니 그냥 팔고 안 보는 게 낫겠다 싶어 몇 달 버티지도 못하고 결국 팔아 버리고 말았답니다. 이후 그 펀드의 수익률은 다시 회복해서 그냥 놔뒀다면 수익을 봤을 구간까지 올랐더군요. 참 마음 아픈 투자였습니다.

박 과장은 잘못한 게 없었어요. 대뜸 모르는 상품에 가입하겠다고 다짜고짜 덤벼드는 저에게 상품에 대해 잘 설명해 주었어요. 잘 이해하지도 못하면서 모르는 것을 물어볼 생각은 안 하고 추천해 주는 대로 가입한 제가 잘못한 거죠.

여기서 저의 실수는 세 가지예요. 첫째, 공부하지 않고 남이 추천하는 것에 투자한 거죠. 둘째, 마이너스가 나자 기다리지 않고 팔아 손실을 본거예요. 셋째, 팔고 나서 미련을 가지고 계속 그 상품의 수익률을 들여다본 거예요. 심리게임에서 완벽하게 진 겁니다.

투자를 결정하기 전과 투자를 결정한 후에 심리게임에서 이기기 위해서는 본능에서 벗어나야 해요. 인간의 여러 가지 오류를 피해야 하는 거죠. 그중 투자에서 대부분의 사람들이 범하기 쉬운 두 가지 오류는 확인편향과 손실회피랍니다.

확인편향은 자신이 경험한 것과 알고 있는 것만이 맞다고 생각하는 거예요. 어떤 현상에 대한 자신의 생각이나 신념에 해당하는 것만 보고 나머지는 무시하려는 것을 말해요. 예를 들어 어떤 친구가 새로운 거미 종류를 발견했다고 했을 때 거미를 싫어하는 친구는 거미가 무섭고 나쁜 생물이라는 단서만 찾으려고 할 거예요. 이때 거미를 싫어하는 친구가 거미의 안 좋은 면만을 보려 하는 것을 확인편향이라고 해요. 자기 생각만 옳다고 생각해서 다른 면은 안 보려고 하는 거죠. 주식 투자에 대해 안 좋은 기억이 있는 사람은 주식 투자를 하려는 사람에게 주식 투자하면 망한다고 절대 하지 말라고 조언하는 것과 같은 이치죠.

손실회피는 말 그대로 잃는 걸 싫어하는 것을 말해요. 사람들은 손해 보는 것을 정말 싫어해요. 심지어 2개를 얻는 것보다 하나를 잃는 것이 두 배로 나쁘다고 느낀대요. 우리는 종종 큰 이득을 얻을 기회가 있어도 혹시라도 잃을까봐 무서워서 도전하지 않기도 해요. 펀드 투자를 했을 때 하락이 계속되자 더 떨어지기 전에 팔고 나온

과거의 제가 바로 이 손실회피에서 벗어나지 못한 거죠.

잃는 것을 피하려고 행동한 결과가 오히려 더 큰 손실을 가져온 거예요. 더 떨어지기 전에 판다고 마이너스일 때 팔면 시간이 지나 회복했을 때 더 큰 반등을 보인 투자시장에서 큰 상실감을 갖게 돼요. 계좌에 마이너스가 찍히더라도 팔기 전까지는 진짜 나의 손실이 아니라는 것을 꼭 기억했어야 했죠. 더불어 마이너스 수익이 생겨난 원인을 철저히 분석해서 손절 기준을 세운 뒤 그 기준에 맞게 손절했다면 후회가 적었을 거예요.

두 가지 심리에서 벗어날 수 있다면 실패하지 않는 투자, 잃지 않는 투자에 좀 더 가까워질 거예요. 물론 그렇다고 투자의 리스크를 완벽히 없애지는 못하겠지만 최소한 감정에 사로잡혀 순간적으로 투자 판단을 그르치는 일은 막을 수 있어요. 감정에 휘둘리지 않는 투자를 하기 위해서라도 자신만의 투자 원칙을 제대로 세우고 철저히 지켜내야 한답니다.

그러기 위해서는 살 때부터 파는 시기와 금액의 기준을 세워두어야 해요. 더불어 사기 전에 자신만의 기준에 적합할 때 매수 결정을 해야 하지요. 자신이 설정한 매도 기준이 충족되었을 때는 뒤도 돌아보지 말고 기계적으로 팔고 나올 수 있어야 한답니다.

결국 자신만의 투자 원칙과 투자 철학을 명확히 세워야 해요. 투자를 하는 이유를 찾기 위한 노력도 함께 해야겠지요. 단지 무엇을 사서 얼마나 대박을 터트릴 것인가가 아니라 투자를 통해 어떤 결과물을 얻을 것인가에 대한 고민부터 해야 한답니다.

주식과 부동산에 대한 저의 투자 원칙을 말씀드릴게요. 주식 투자를 할 때는 사기 전부터 보유 기간을 생각합니다. 계속 보유할 거라고 생각했다면 매수주기를 선택해 꾸준히 사서 모아가죠. 가격이 떨어지든 오르든 크게 신경 쓰지 않고 그냥 사는 거예요. 계속 가지고 있을 거니까요. 만약 보유하다가 팔 계획이라면 사기 전에 먼저 목표 수익률을 15%로 정해두고 정해둔 수익률이 되었을 때 뒤도 안 보고 팔아요. 처음부터 팔기로 마음먹은 거니까요.

살 때는 무작정 사지 않아요. 미리 정찰병을 보낸

다는 마음으로 1주를 사죠. 산 가격이 기준이 되어서 매월 조금씩 사서 모아가기 위한 가격과 주기를 정해요. 종목을 고를 때는 소비자의 지갑에서 꾸준히 돈을 가져가는 기업을 선택하려고 했어요. 워런 버핏도 애플에 투자 결정을 했을 때 "sticky"라고 말했다고 해요. 충성 고객을 확보한 소비자 친화적인 기업은 지속적인 현금 흐름을 창출할 확률이 높답니다. 매수매도의 기준이 충족되면 기계적으로 사고파는 것이 핵심이에요.

부동산 투자를 할 때는 인구 40만 이상인 도시 중에서 앞으로 3년 내 공급 물량이 현저히 줄어드는 지역의 1급지를 선택해요. 그리고 선택한 지역에서 역세권, 초등학교를 품고 있는 아파트, 1000세대 이상 대단지를 확인하죠. 미리 정보들을 살펴본 후 임장을 다녀와요. 여러 번 그 지역을 다녀와야 적합한 곳을 선택할 수 있거든요.

투자할 아파트를 선택하면 저에게 주어진 투자금 안에서 원하는 가격대의 매물이 나올 때까지 기다려요. 기다리는 것도 투자니까요. 저의 부동산 스승인 '청울림'

대표는 "시간이 많은 돈이 이긴다."며 조급하게 투자하려는 저를 많이 붙잡아 주었답니다. 아! 그리고 무조건 로얄동, 로얄층만 고집하지 않아요. 싸게 살 수 있느냐가 핵심이거든요. 마지막으로 서울과 수도권은 역세권과 학군, 지방은 학군과 대형 평수 위주로 보려고 해요.

    저는 주식이나 부동산 투자를 할 때 실패하지 않기 위해 심리를 철저히 배제하고 저만의 투자 원칙을 지켜가려고 해요. 덕분에 남들이 사지 않을 때 과감히 살 수 있었고, 그때 실행한 투자가 저의 자산을 무럭무럭 키워주었답니다. 돈을 잃은 투자는 있어도 실패한 투자는 있을 수 없습니다. 자신만의 투자 원칙을 목숨처럼 지켜나가되 계속 수정하고 보완한다면 결국은 잃지 않는 투자를 할 수 있어요. 시장을 떠나지 않는다면 말이죠.

6장

마흔을

앞두고 있는 당신에게

지금까지 이룬 게 없다고
느껴진다면

* * * * * * * * * *

고개 숙이고 열심히 앞만 보고 달려왔는데, 고개를 들어보니 마흔이 코앞에 와 있었습니다. 지난날을 돌아보니 제가 이룬 것은 눈에 보이지 않았습니다. 학교를 졸업한 것도 아니고, 돈을 많이 모으지도 못했고, 경력을 쌓아 전문가가 되지도 못했어요. 아들 셋의 엄마이자 남편과 중국집을 운영하는 게 전부인 아줌마였을 뿐이었습니다.

이대로는 안 되겠다 싶어 시작한 자기계발에서 더

움츠려들었어요. 또 다른 세상에서는 다양한 성과를 내며 자신의 길을 걸어가는 이들의 걸음걸이가 위풍당당해 보였습니다. 자기계발로 알게 된 커뮤니티에서 본 그들이기에 나도 열심히 하면 그렇게 될 수 있을 거라고 생각했어요.

그들처럼 되고 싶은 마음에 그들이 걸어간 길을 종종걸음으로 따라갔습니다. 왜 나는 이런 것을 이제야 알았을까 안타까웠어요. 늦게 시작한 만큼 뛰어가면 격차를 줄일 수 있을 거라고 착각했죠. 하지만 아니더라고요. 속도는 문제가 되지 않았습니다. 쌓인 시간이 만들어낸 내공을 속도로 따라잡을 순 없었어요.

지금까지 이룬 게 없다고 느껴지자 마음이 더 급해졌어요. 그러면서도 이미 늦어서 내가 할 수 있는 건 별로 없을 거라고 오해를 합니다. 다시 책을 잡았습니다. 배부른 사람들이나 읽는 거라며 한사코 외면했던 자기계발서를 제대로 읽기 시작했어요. 제가 고개 숙이고 열심히 달려왔던 시간에서 빠졌던 요소들이 보였습니다. 더 나아가, 지금까지 달려온 시간 속에서 아무것도 이룬 게 없는 것은 아니란 것도 알 수 있었어요. 그냥 쌓인 시간은 없습니다. 목표 없이 걸어왔던 시간도 저에게는 경험이 되었습니다.

그럼 저는 왜 이룬 게 없다고 느꼈던 걸까요? 제가 아닌 타인을 봤기 때문이에요. 나에게 없는 것을 가진 이들이 부러웠고, 그들과 나의 시작이 달랐음에도 동일한 결과를 바랐습니다. 그러다 보니 자꾸 주눅이 들었어요.

저를 뒤돌아보았습니다. 이룬 게 없지 않았어요. 남들처럼 번듯한 집은 아니지만 우리 부부의 손으로 일군 집이 있었습니다. 으리으리한 고급 식당은 아니지만 우리 부부가 피땀 흘려 이룬 가게가 있었습니다. 엄청난 사교육을 시킨 건 아니었으나 하고 싶은 공부를 하며 번듯하게 자란 세 아들이 있었습니다.

내게 주어진 모든 것이 감사하게 느꼈졌습니다. 자꾸 내가 가지고 있는 것을 당연하다고 여기지 마세요. 감사할 줄 알아야 현재를 직시할 수 있어요. 현재를 바로 볼 수 있을 때 원하는 것을 목표로 삼을 수 있어요. 목표를 세울 수 있어야 그곳에 방점을 찍고 길을 잃지 않을 수 있어요. 그 길에서 방법을 하나씩 찾아가세요. 지금까지 이룬 게 없다고 느껴진다면 지금 내가 가지고 있는 작은 것부터 적어보세요. 아주 사소한 것이라도 괜찮아요. 지금까지 그냥 온 사람은 아무도 없습니다.

지금까지 이룬 게 없다고요? 아직 제대로 들여다보지 않았을 뿐, 분명 이룬 것은 있습니다. 이제 꺼내보세요. 생각보다 이룬 게 많다는 것을 발견할 수 있을 거예요.

내가 뭘 할 수 있을까
고민하고 있다면

* * * * * * * * * * *

돈 공부를 시작하면서도 갸우뚱했습니다. 내가 과연 할 수 있을까 의문만 들었어요. 내가 뭘 할 수 있을까 고민한다는 것은 내가 나를 믿어주는 힘이 크지 않다는 것을 의미해요. 무언가를 성취한 경험이 적을 때 선뜻 자신을 믿기가 힘들어요.

다이어트를 시도할 때마다 실패했다면 그 사람은 다시 살을 빼기 위한 시도나 노력을 하지 않을 거예요. 실패한 경험이 크게 남았기 때문이죠. 그것도 여러 번 실패하게 되면 나는 뭘 해도 실패하는 사람이라고 규정지어 버리게 됩니다. 스스로를 믿어주려면 결국 나를 믿어주는 힘을 강하게 만들어야 합니다. 스스로를 믿어주는 힘을 강하게 만들려면 어떻게 해야 할까요?

작은 성취를 맛봐야 합니다. 우리의 뇌는 강도보다 빈도를 더 기억한다고 하지요. 한 번의 큰 성공 경험보다 여러 번의 작은 성공을 더 기억한다는 거죠. 어쩌다 한 번 체중 10kg을 감량하는 목표를 달성하는 것보다 매월 체중 1kg을 감량하겠다는 목표를 10번 달성했을 때 스스로를 마음만 먹으면 체중을 감량할 수 있는 사람으로 믿게 됩니다.

저 역시 가계부를 쓰고 돈 관리하는 건 남 일이라고만 생각했어요. 하지만 아니었어요. 가계부를 쓰고 돈 관리해 본 경험이 없다 보니 스스로를 믿지 못했을 뿐이었던 겁니다. 그래서 나에게 많은 경험을 만들어주기로 했어요.

거창하게 예산을 세우고 결산하지 않아도, 짧은 기간에 종잣돈을 모으지 않았어도, 저는 매일 가계부를 쓰면서 돈 관리를 하는 사람이 되어갔습니다. 대충 적은 가계부로 인해, 저는 예산을 세우고 돈을 모아 투자하는 투자자가 되어갔어요. 아마 이런 작은 시도를 매일 하지 않았다면, 매일 해낼 수 있을 만큼의 작은 목표를 이뤄내는 경험을 쌓지 않았다면, 여전히 저는 가계부도 못 쓰고 돈 관리도 제대로 할 줄 모른 채 쉰 살을 맞이했을지도 모릅니다.

마흔이 되기 전의 저는 내가 뭘 할 수 있을까, 고민만 할 뿐 선뜻 무언가를 해보려 하지 않았어요. 그래놓고 늘 다른 사람들의 결과물을 부러워했죠. 내가 나를 믿어주는 힘이 굉장히 약했던 거예요.

저도 처음부터 투자자가 되겠다고 덤볐다면 성공하지 못했을 거예요. 매일 가계부를 쓰는 작은 습관이라도 만들어보자고 시작한 성취가 지금의 저를 만들어주었습니다. 이제 저는 내가 과연 할 수 있을까를 고민하기보다 어떻게 해야 이룰 수 있을까 하고 방법을 찾는 사람이 되었어요. 작은 성취의 경험을 많이 쌓아간다는 것은 결국 나를 믿어주는 힘을 강하게 만드는 거예요. 내가 뭘 할 수 있을까를 고민하고 있다면, 엄청 대단한 것을 하지 않더라도 작고 소소하게 매일 해내는 성취를 쌓아보세요. 매일 정해진 시간에 물 한 잔을 마시는 것부터 시작해도 좋아요.

무엇부터 해야 할지 몰라 막막하다면

✻ ✻ ✻ ✻ ✻ ✻ ✻ ✻ ✻ ✻

부자가 되려면 목표를 세워야 한다는데, 처음엔 방법을 몰랐어요. 꿈꾸면 이루어진다는 말은 꿈을 이루어 가는 사람들이 먹고 살만하니까 하는 말일 뿐, 하루하루 어렵게 살아가는 저에게는 비현실적인 이야기라고 생각했죠.

그러다 얼 나이팅게일의 말을 듣자 머리를 한 대 얻어맞은 듯했어요.

"사람은 생각하는 대로 살아간다."

나 같은 게 어떻게 목표나 꿈을 갖겠냐며 지레 포기하고 살아서 그냥 그렇게 살고 있다는 것을 깨닫게 됐어요. 예전에는 왜 몰랐을까요? 아마도 준비가 되어있지 않았기에 들리지도 않았겠죠? 그렇게 생각하는 대로 살게 된다는 사실을 인정하자 길이 보이기 시작했어요.

목표를 어떻게 세워야 하는지 잘 모르겠다면, 다음 4단계에 따라 목표를 세워보세요.

첫째, 목표를 거꾸로 적어보세요.

백지를 꺼내 맨 위에 5~7년 후에 이뤄내고 싶은 최종 목표를 적어요. 그 다음 줄에는 그렇게 되기 위해 세워야 할 목표를 적는 거죠. 그렇게 최종 목표를 이루기 위해 해마다 무엇을 해야 하는지 1년 단위로 적어보는 거예요.

저는 2019년에, 7년 뒤인 2026년에 멘탈 트레이닝 센터를 세우겠다는 목표를 맨 위에 적었어요. 그러기 위해선 최소한 2025년에는 남편을 은퇴시키고, 2024년까지 라이프 코치 양성 자격을 갖춰야 했어요. 그 목표를 이루기 위해서는 2021~2023년에 라이프 코치로 활동해야 하고, 그러기 위해서는 2021년에 라이프 코치가 되고, 2020년까지 최소한 코치 자격시험을 통과해야 했지요.

그러려면 사람들을 모아야 하니 2020년에는 성장 모임 같은 걸 하면 참 좋겠다고 생각했고, 사람들을 모으기 위해 내가 나눠주어야 할 것들이 필요했어요. 이렇게 역산해서 목표를 세우다 보니, 2019년에는 사람들에게 나눠줄 것들을 배워야 한다는 목표가 자연스럽게 생겼어요.

실제로 저는 2019년 한 해 동안 블로그와 독서를 시작했고 부동산 및 책 쓰기 등의 많은 강의를 제 것으로 만들어 많은 사람들에게 나눠주었죠. 물론 역산한 목표대로 살지는 않았지만, 생각한 것 이상의 성과를 내며 제가 살고 싶은 삶을 사는 사람이 되었습니다.

둘째, 이루고 싶은 목표를 구체적으로 적어보세요.

저는 성공 철학의 선구자인 나폴레온 힐이 쓴《놓치고 싶지 않은 나의 꿈 나의 인생》을 읽은 후 내가 바라는 모습이 이미 이루어진 것처럼 자기 확언 리스트를 적고, 아침저녁으로 소리 내어 읽었어요. 그리고 자기 확언 목표를 만다라트에 채워 넣었어요. 만다라트는 9칸씩 전체 9개의 블록으로 이뤄진 표예요. 가운데 칸에 이루고 싶은 핵심 목표를 적고, 핵심 목표를 이루기 위해 필요한 세부 목표를 주변의 9칸에 적어요. 그러면서 사방으로 뻗어 목표를 연결하는 거죠. 막연히 생각만 하던 목표를 이렇게 구체화하는 작업이 필요해요.

셋째, 구체화한 목표를 일렬로 정렬해 보세요.

이루고 싶은 목표를 언제 어떻게 해낼 것인지 적어봅니다. 자기계발, 재테크, 가정, 건강 등 항목별로 목표를 나누고 월별로 배치한 뒤 구체적인 계획과 데드라인도 적어요. 목표들이 월별로 골고루 분산되고 정렬되어 매달 해야 할 중요한 원씽이 만들어집니다.

넷째, 내가 세운 목표의 가장 근원적인 이유를 찾

아내세요.

목표 자체만을 바라보고 가면 지칠 수 있어요. 목표를 이루고 싶은 이유가 명확하다면 가는 길이 어렵고 힘들더라도 버텨낼 수 있는 힘이 생겨요. 예를 들어, 새벽 기상을 하겠다는 목표를 세웠는데 명확한 이유 없이 맹목적으로 한다면 중간에 포기하기가 쉬워요.

인간의 수면욕은 기본적인 욕구 중 하나인데, 열심히 하겠다는 의지에만 기대서는 성공하기 어렵죠. 새벽 기상을 해야 하는 이유가 명확할 때 수면욕을 이기고 침대를 벗어날 수 있게 된답니다. 돈을 모으고 관리해야 하는 재테크 역시 그 이유가 명확해야 포기하지 않고 끝까지 할 수 있게 됩니다.

지금까지의 과정이 '목표 설정의 4단계'예요. 이렇게 단계에 따라 목표를 세운다면, 남들 따라 세우는 목표가 아닌 나만의 확고한 목표를 세울 수 있게 돼요. 철저한 목적의식을 가지고

본질화

목표를 이루고 싶은
근원적인 이유를 찾아보세요.

역산화

5~7년 뒤 이루고 싶은
최종 목표부터
거꾸로 적어보세요.

목표를 정하는
4가지 방법

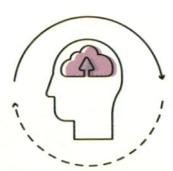

정렬화

목표를 일렬로 정렬해
월별로 중요한 일을
파악해요.

구체화

이루고 싶은
목표를 구체적으로
적어보세요.

지루한 것을 매일 해내는 무서운 사람이 된다면, 내가 세운 목표는 허상이 아닌 실재가 됩니다. 4단계로 세운 목표는 나와의 약속을 잘 지켜내는 힘이 되어줄 겁니다.

나만의 시간을 갖는다는 것

* * * * * * * * * * *

엄마가 된 후 혼자만의 시간에 대한 갈망이 컸었습니다. 세 아이를 키우며 장사를 하니 저를 위한 시간을 전혀 낼 수 없었죠. 저는 혼자 있어야 에너지가 생기는 사람이란 것을 자기계발을 하면서 알게 되었어요. 그저 삶이 바쁘고 지쳐서 무력한가 보다 했는데, 아니더라고요. 소진된 에너지가 채워지지 못한 채 다시 하루를 시작하다 보니 매일이 힘겨웠던 거예요.

아이가 예쁜 걸 느낄 틈도 없었어요. 엄마라는 책

임감에 얽매였고, 가게일과 집안일 모두 잘하기 위해 노력해야 했고, 급하게 처리해야 하는 일에 집중해야 했어요. 그러다 보니 에너지를 채울 수 있는 혼자만의 시간은 꿈도 꿀 수 없었어요. 나에 대해 생각해 볼 수 있는 잠깐의 시간조차 말이죠.

자동차 경주를 할 때 자동차는 쉬지 않고 달려가지 않아요. 중간에 정비소에 들러 상태를 체크하고 정비도 해야 하죠. 그래야 다시 힘을 받아 내달릴 수 있습니다. 사람도 마찬가지예요. 해야만 하는 일에 급급하다 보면 반드시 놓치는 일이 생겨요. 당연히 실수도 하게 되는데, 그 이유도 따지고 보면 내가 나를 들여다보는 시간이 없어서였을 겁니다.

저희 부부는 부모님 손을 빌리지 않고 육아, 살림, 장사를 모두 해결했어요. 그런 와중에 당장 급하지 않은 저 혼자만의 시간을 갖는다는 것은 사치였어요. 그런데 마흔을 앞둔 저에게 그 시간은 급하지는 않아도 중요한 시간으로 다가왔어요. 지금과는 다르게 살려고 자기계발을 시작했으니 이전과 다른 시간을 만들어야 했지요.

저는 아침잠이 많았습니다. 일찍 잠자리에 들면 되는데, 저녁에 아이들이 잠자리에 들고 나면 놀기 바빴어요. 밤늦게까지 놀다가 잠이 들었으니 아침에는 정신이 없는 상태에서 아이를 어린이집에 보내놓고 가게로 출근하곤 했어요. 퇴근 후에는 아침에 하지 못한 집안일이며 아이들까지 챙기느라 녹초가 되었죠. 놀고 싶어 하는 아이들에게 빨리 자라고 짜증을 내며 재운 후 저는 밤늦게까지 인터넷 서핑이며 스마트폰 게임을 하다가 잤습니다. 얼마든지 시간을 만들 수 있었던 시절이었는데 방법을 몰랐죠.

오롯이 나만을 위한 시간! 그런 시간이 필요해졌습니다. 처음에는 성공한 사람들이 다들 새벽 기상을 한다고 해서 고민했어요. 삶을 바꾸기 위해 찾아간 자기계발 커뮤니티에서 새벽 기상을 권하기도 했고 저의 멘토도 새벽 기상과 독서를 강조하는 거예요. 그래서 열심히 해보고 싶어졌어요.

자기계발을 시작하기 전에 살을 빼고 싶어 6시에

일어나 운동을 한 적이 있었는데 그때의 기억을 되살려 기상 시간을 약간만 당겨보기로 한 거죠. 그렇게 운동 대신 독서, 감사 일기, 시간 관리 등의 루틴으로 새벽을 채우기 시작했습니다. 하루를 정리하는 글을 블로그에 써 보니 뿌듯함이 느껴졌어요. 거창한 것을 하지 않았는데도 이전보다는 나은 사람이 된 것 같아 보였습니다.

기상 시간은 점점 빨라졌어요. 식구들이 모두 자고 있는 고요한 시간에 스탠드를 켜고 제가 좋아하는 것들로 새벽을 채워갔지요. 아이들과 같이 있을 때는 마시지 않던 커피를 새벽부터 마시기 시작했고요. 첫째 아이가 커피 때문에 화상을 입은 이후 아이가 있을 때는 커피를 마시지 않았기에 새벽에 커피를 마실 수 있는 시간과 공간이 너무나 감사했어요. '아! 나를 위한 시간을 가지면 행복하구나!'라는 깨달음에 새벽을 기다리게 되었고요.

급기야는 새벽 3시에 기상하기 시작합니다. 주변 사람들은 미쳤다고 하더라고요. 남편은 그러다 말겠지 하는 마음이었는지 말릴 생각도 하지 않았고요. 그냥 좋았어요. 고요한 시간에 저 홀로 깨어 좋아하는 것들로 시간을 채우고 하루를 시작하니 몸은 피곤해도 마음과 정신은 더욱 선명해졌어요. 에너지를 채운다는 것이 이런 시간이었음을 새삼 깨닫게 된 거예요.

저는 현재 새벽 기상 모임의 리더지만 꼭 새벽 기상이 정답은 아니라고 생각해요. 대신 나만을 위한 시간은 꼭 필요합니다. 에너지를 채우는 시간이자 시간의 결핍을 해결하는 방법이 돼요. 특히 마흔을 앞두고 있다면, 한창 직장에서 책임을 지는 위치에 있기도 하고, 아이들이 얼추 자랐을 시기이기도 하죠. 경제적으로 여유가 있을 법하지만 아직 인생 후반부에 대한 준비나 계획이 제대로 서있지 않을 거예요.

한 박자 쉬고 나 자신을 위한 시간을 가져보세요. 그 시간이 새벽이라면 하루를 여유 있게 시작할 수 있고, 밤이라면 하루를 보람 있게 정리할 수 있답니다. 다만 밤 시간은 나를 유혹하는 것도 많고 몸이 힘들 확률이 높기 때문에 특별한 사정이 있지 않다면 새벽을 추천해요. 하루를 계획하는 사람이 인생의 승자가 될 수 있답니다.

맹목적인 새벽 기상은 추천하지 않습니다. 사람마

다 체질과 몸 상태가 다른데 획일적으로 몇 시에 일어나는 것이 좋다는 건 말도 안 되고요. 나에게 맞는 시각, 나에게 맞는 루틴을 찾아가면서 온전히 '나'만을 위한 시간으로 만들어가는 것이 중요하죠.

타인과 비교하면서 기상 시간을 당기거나 성과를 좇는다면 온전히 나만의 시간을 가져야 하는 본질은 흐려집니다. 나만의 시간이 생긴다면 남들이 하는 루틴이 아닌 내가 가장 하고 싶었던 일로 온전히 그 시간을 채워보세요. 나만을 위한 시간을 통해 에너지를 채우고 하루 일과를 예측 가능하게 만들어보세요. 이렇게 하루가 거듭될 때마다 다가올 기회를 잡을 수 있어요. 제가 그러했듯이 당신도 나만의 시간을 갖는다면, 삶의 방향키를 1도라도 돌리는 역사가 시작될 거예요.

누구에게나
콘텐츠는 있다

* * * * * * * * * * *

    나처럼 평범한 사람의 경험을 콘텐츠로 만드는 게 가능할까? 처음에는 저도 이렇게 생각했어요. 제 이야기가 그리 특별하진 않았으니까요.

    그런데 6년이 지난 지금에야 깨달았어요. 어제와 오늘, 모든 사람들의 하루가 똑같지 않기 때문에 누구나 콘텐츠가 될 수 있는 경험을 가지고 있다는 것을요. 예전에 제가 했던 경험을 하고 있는 누군가를 도울 수 있다면, 그것만으로도 큰 도움이 된다는 것을 이제는 안답니다.

성공한 사람의 이야기를 접할 때마다 '저 사람이니까 가능했겠지.'라고 생각했어요. 남자가 성공했다고 하면 아이를 키우지 않아도 되니까, 살림 걱정 없이 사회생활만 했을 테니까, 라고 생각했죠. 여자가 성공했다고 하면 시부모에게 받은 게 있겠지, 아이가 하나밖에 없으니까 가능했겠지, 라고 생각하며 나에게서 안 되는 핑계만 찾기 일쑤였어요.

그러다가 우연히 발견한 신문 기사를 보게 돼요. 실리콘밸리의 작은 거인 김태연 TYK 그룹 회장에 대한 일화였어요. 한국에서 힘들게 살다 도망치듯 미국으로 떠난 그녀는 청소부 등 허드렛일을 하며 미국에 정착했고, 지금은 6개의 회사를 거느린 그룹의 수장입니다. 그녀가 기적을 일으키게 만든 좌우명이 제 가슴을 울렸습니다.

"He can do. She can do. Why not me?"

'저 사람이니까 가능했겠지.'라고 생각하면서 안 되는 이유만 찾던 저에게 핑계 대신 방법을 찾으라고 독려하는 메시지였어요. 기사를 본 후 저는 뭐든 해보자며 하나씩 실행하기 시작했어요. 단 한 순간도 그냥 살지 않았어요. 책을 읽고, 글을 쓰고, 진심을 다해 소통했어요.

기회는 생각지도 못한 곳에서 찾아와요. 저도 글쓰기에 대해 알고 시작한 건 아니었어요. 요리 레시피나 아이들 학습 자료를 스크랩하는 용도로밖에 쓰지 않았던 블로그 공간에 우연히 글을 쓰게 되면서 저의 콘텐츠는 시작되었답니다. 처음에 주제가 있었던 것도 아니었어요. 호기심에 열어본 블로그에 단 두 줄을 남기면서 블로그와의 인연이 시작된 거예요.

"내일부터 미라클 모닝 시작! 잘할 수 있겠죠?"

새벽 기상 콘텐츠를 만들어보겠다는 의도도 없었어요. 막 새벽 기상을 시작했던 시기였고 새벽 기상에 대해 전문적인 지식이 있었던 것도 아니었

어요. 그냥 제가 새벽 기상하는 방법을 썼고, 새벽에 어떤 일을 하는지 공유했을 뿐이에요. 대신 제 글을 읽어주는 분들과 댓글로 소통했답니다. 이제는 조금 알 것 같아요. 콘텐츠라는 것이 뭔가 특별한 재능이나 기술을 필요로 하는 것이 아니라는 것을요. 내 생각과 아이디어, 경험이나 노하우를 글로 풀어내고 내가 쓴 글이 큰 줄기로 모아진 것이 바로 콘텐츠가 된다는 것을요.

저는 의도적으로 콘텐츠를 만들려고 하지 않았어요. 바로 글을 쓸 수 있어야 했기에 가장 관심을 가지고 노력하고 있는 새벽 기상과 가계부에 대해 쓴 거죠. 제 글을 읽은 분들이 질문을 하면 그에 대한 답을 다시 썼어요.

그런 시간이 쌓여 제 글의 구독자들은 저를 새벽 기상과 가계부에 대해 잘 아는 사람이라고 말해주었고요. 제 이야기를 듣고 일부러 블로그를 방문하는 분들도 생겨났고 먼 곳에서 저를 만나겠다고 찾아온 분도 있었답니다. 블로그를 시작한 지 6개월도 채 되지 않았을 때였어요.

돈 관리하는 법에 대해선 제 방식대로 이야기를 풀어냈어요. 아버님이 돌아가시기까지의 과정에서 돈에 상처받았던 이야기를 썼고, 둘째 아이가 아프게 태어난 스토리도 썼어요. 많은 분들이 응원해 주셨어요. 제 약점이라고 생각해 공개하기를 망설였지만 글을 쓴 이유는 단 하나였어요. 예전의 나와 같은 사람이 내 글을 읽고 너무 좌절하지 않길 바라는 마음이었죠. 나 같은 사람도 좀 더 나은 사람이 되기 위해 이렇게 노력하고 있으니 당신에게 힘과 위로가 되었으면 한다는 생각에서요. 이는 저만의 생각은 아니었어요. 저와 비슷한 경험을 한 구독자들이 댓글을 달았고, 많은 엄마들이 제 이름을 기억해주었어요.

생각을 글로 쓰는 순간, 내 생각에 동의하는 구독자들이 생겨납니다. 그래서 나만이 쓸 수 있는, 살아 숨 쉬는 글을 써야 해요. 나만이 쓸 수 있는 글은 내 경험에서만 나오기 때문에 나의 경험이 나의 콘텐츠가 되어주는 거예요. 경험은 누구에게나 존재하고 각각의 모습을 하고 있죠. 내 경험만 글로 잘 풀어낸다면 충분히 콘텐츠가 될 수 있어요.

누구나 콘텐츠를 가지고 있어요. 꺼내지 않을 뿐이죠. 불특정 다수가 보는 온라인 공간에서 자신의 이야기를 꺼내기가 쉽지 않다며 주저하는 사람도 많아요. 그렇다면 꺼내지 않아도 괜찮아요. 꺼내기 싫은 이야기까지 하면서 콘텐츠를 만들 필요는 없거든요. 내 이야기가 어떤 이에게 도움이 될 수도 있다고 생각한다면, 무슨 이야기를 꺼내야 할지 밑그림을 그릴 수 있답니다.

이 세상에 똑같은 삶을 사는 사람은 없습니다. 자신만의 경험은 콘텐츠가 되고, 콘텐츠가 모이면 자연스럽게 브랜딩이 됩니다. 거창하지 않아도 돼요. 누군가에게 도움이 될 수 있는 경험이면 아주 작은 것이라 해도 상관없어요. 그런 경험조차 없는 이에게는 큰 가르침이 되어주거든요.

진정성을 담은 콘텐츠는 사람의 마음을 열게 합니다. 마음을 열고 신뢰한다면 나의 찐팬이 되지요. 나도 그 사람의 찐팬이 되어야 함은 당연하고요. 그도 했고 그녀도 했는데 나는 왜 못하냐고 스스로에게 말해주세요. 이제, 꺼낼 수 있는 경험부터 하나씩 적어보세요. 여러분의 경험은 간절한 한 사람에게 반드시 도움이 될 수 있다는 점, 잊지 마세요.

혼자가 어렵다면 같이 하면 된다

* * * * * * * * * *

온라인에서 부자마녀라는 이름으로 활동한 지 6년이 넘었습니다. 부자마녀로 살기 이전에 돈 공부한 기간까지 합치면 8년이 넘어가네요. 만약 혼자서 글을 쓰고, 재테크하고, 돈 공부를 했다면 이렇게 오래할 수 있었을까 의문이에요.

내 글을 읽어주는 구독자가 있어서 계속해서 글을 쓸 수 있었고, 나를 보고 새벽 기상에 도전하겠다는 사람이 생기니 계속해서 새벽 기상을 유지할 수 있었지요. 투자하면서 어렵고 힘든 점을 나누다 보니 지금까지 할 수 있었고요. 한 권의 책 쓰기, 100일 동안 매일 글쓰기, 한 달 내내 새벽 기상하기 등 혼자라면 며칠 만에 포기했을 법한 일들을 해낼 수 있었던 건 함께하는 사람들이 있었기 때문이에요.

활짝 핀 벚꽃 위로 봄비가 내리던 어느 토요일, 함께 돈 공부하자고 모인 돈무적 식구들과 '머니겟모임'이라는 정기모임을 가졌어요. 서울 시내가 환히 보이는 건물의 루프탑 파티룸을 빌려 바비큐 파티를 했답니다. 다들 매주 온라인으로는 만나지만 실제로 만난 적은 손에 꼽을 정도였어요.

하지만 3개월 동안 공부를 해온 시간이 쌓여서일까요? 마치 어제 만났던 친구를 다시 만난 것처럼 친밀감이 폭발했답니다. 스무 명이 넘는 인원이 5시간 동안 한 공간에 있으면서 한마음으로 즐겁고 소중한 기억을 만들어주었답니다. 이처럼 사람과 사람이 만나는 일, 더군다나 아이들까지 함께한 자리를 따뜻하고 포근하게 만들어준 건 혼자가 아닌 함께라서 가능한 일 아니었을까 해요.

　가계부를 1주일 이상 쓰지 못했다며 고민을 토로한 수강생이 있었어요. 가장 못하는 게 꾸준히 하는 거라더군요. 저는 같이 해보자고 손을 내밀었어요. 그 수강생처럼 꾸준하지 못해 고민이라던 사람들이 모여서 함께하니 3개월, 6개월, 1년 이상을 꾸준히 가계부를 쓰고 경제기사를 읽으며 돈에 대한 공부를 놓지 않는 것을 봐왔기 때문이었어요.

　제가 방법을 알려주고 알아서 하라고 했다면 아무도 하지 않았을 거예요. 그래서 함께할 수 있는 시스템을 만들었고 그 안에서 저와 코치들이 딱 붙어서 도와주니 꾸준하지 못하다던 수강생들이 매일, 매주 해내는 모습을 보게 되었죠. 수강생들의 변화를 지켜보며 시스템의 힘이 무섭다는 것을 다시금 깨달았어요.

　가계부를 어떻게 쓰는지 조차 어려워하던 수강생이 이제는 자기에게 맞는 형식을 만들어 가계부를 쓰는 것을 보고 깜짝 놀랐어요. 늘 예산을 초과하기 일쑤라던 분이 가정 규모에 맞는 예산을 세우고 지켜가는 것을 보고 감동했답니다. 어떤 수강생은 줄이기 어렵다는 고정 지출을 9만 원 이상 줄였고, 또다른 수강생은 3개월 만에 순자산을 3,600만 원이나 늘리기도 했어요. 마트 한번 가면 20~40만 원을 쓰던 한 수강생은 하루에 다 쓸 돈으로 1주일을 살게 됐다며 스스로를 기특해하기도 했답니다. 매일 가계부를 쓰고 경제기사 하나를 읽고, 함께하는 멤버들과 마음을 나누고 서로를 독려하다 보니 멤버들의 순자산은 플러스로 전환되어 갔습니다.

또 3개월 동안 추가 저축 100만 원을 해보자는 제안에 너도나도 삼백 계좌를 만들어 채워갔다며 성공담을 나누는 것을 보고 있으니 너무나 감격스러웠어요. 나에게만 적용되는 시스템이 아니었다는 안도감도 들었지만, 이렇게 함께하니 모두가 원하는 방향으로 변화하고 성장할 수 있다는 것을 눈으로 확인하게 되어 기뻤답니다.

그렇다고 시스템만이 정답이란 말은 아닙니다. 혼

자서 잘하는 사람은 혼자 해도 됩니다. 투자 결정 역시 혼자 하는 것이니까요. 그러나 혼자서 해봤는데도 잘 안 된다면, 지금처럼 살지 않겠다는 마음이 간절하다면, 더불어 힘이 되는 동료들과 함께 꿈과 목표를 이뤄가고 싶다면, 함께할 수 있는 커뮤니티를 찾아보세요. 온라인에는 돈무적 외에도 무수히 많은 프로젝트와 시스템이 존재한답니다.

의지만으로 모든 것을 이룰 순 없습니다. 자기계발, 독서, 운동, 다이어트, 습관, 재테크 등 모든 분야에서 의지가 강한 사람만이 성공하는 것도 아니에요. 의지가 조금 부족하고 꾸준하지 못해도 이런 마음을 잘 아는 리더가 운영하는 커뮤니티에서 함께해 보세요. 저에게 온 멤버들도 비슷한 말을 합니다. 함께하니 이루어지더라고요.

의지나 열정에 기대어 며칠 만에 포기하길 반복했던 제가 그 마음을 너무나 잘 알기에, 각자의 꿈과 목표에 다가갈 수 있도록 연구하고 공부하고 있어요. 더

나은 환경에서 좀 더 수월하게 원하는 삶을 살아갈 수 있도록 계속 새로운 시도를 하지요. 저의 이런 노력을 알아주어서인지 멤버들은 날마다 나아지고 있답니다. 멤버들의 성장과 변화를 보면서 저 역시 함께 나아가고 있고요. 그래서 함께하면 멀리 갈 수 있다고 하나 봅니다.

(에필로그)

진짜 인생은 마흔부터 시작된다

처음엔 막막하고 두려웠지요. 애가 셋인데, 장사를 하고 있는데, 이런 핑계만 되뇌며 미루기만 했어요. 절실하지 않아서 그렇다고요? 누구보다 절실했어요. 변화하고 싶었죠. 그래서 열심히 살아가는 이십대 청년들을 만났어요. 그들의 나이를 부러워하는 제가 한심했어요.

지금 아는 것을 그땐 왜 몰랐을까, 왜 눈을 감고 살았을까. 후회해도 그때의 나는 듣지 못합니다. 이런 생각을 하고 있는 동안에도 저는 후회할 일을 하고 있더라고요. 5년 전의 나는 바꿀 수 없지만 5년 뒤의 나는 충분히 바뀔 수 있는데도 자꾸 과거에 하지 못한 것들에 발목 잡혀 옴짝달싹 못하고 있었어요.

생각을 바꾸기로 합니다. 이미 지나가 버린, 내 손을 떠나 내가 어찌하지 못하는 부분에서 빠져나와 지금 내 위치에서 할 수 있는 일을 하나씩 해보자고 말이죠. 서른여덟의 겨울에 했던 선택은 마흔넷 현재의 나를 만들어냈습니다.

5년 후를 바꾸기 위해 해야 할 일은 단 하나예요. 1분 뒤의 나를 지금보다 더 낫게 만들면 됩니다. 1분 뒤를 바꾸면 5분 뒤, 1시간 뒤, 하루 뒤, 1년 뒤를 바꿀 수 있어요. 그렇게 어제보다 나은 오늘을 만들어가면 어느새 내가 원하는 5년 후를 만들어갈 수 있습니다.

돌이켜 생각해 보니, 선택의 갈림길에서 도망치지 않고 하나라도 해보려고 한 그때의 나에게 감사하게 됩니다. 막막하다거나 막연하다는 이유로 도망치지 않았거든요. 2019년의 나는 20~30대의 나에게 화만 냈는데

2024년의 나는 2019년의 나에게 감사하고 있네요. 지금의 저는 20~30대의 나에게 화가 나지 않아요. 그때의 시행착오, 두려움, 게으름, 나태함이 있었기 때문에 정신을 차릴 수 있었잖아요. 20~30대의 내가 있었기에 2019년의 내가 지금의 나에게 도움이 되는 판단과 선택을 해주었으니까요.

아직도 늦었다고 생각하나요? 어디서부터 어떻게 해야 할지 몰라 막막하게 느껴지나요? 어떻게 살아갈지 정해두고 태어나지 않는 것처럼 우리가 걸어갈 길 또한 정해진 건 아무것도 없어요. 살다 보니 잘 살고 싶고 좋은 사람이 되고 싶어 노력하는 것처럼, 매일 노력하며 살다 보면 하고 싶은 일도 생기고 더 나은 내일을 만들어가고 싶은 것과 같답니다.

더 이상 예전처럼 살지 않겠다는 방향만 설정해두면 지금과는 다른 길이 펼쳐질 거예요. 방향만 제대로 맞는다면 결단코 늦은 속도는 없습니다. 지금 나의 선택으로 5년 뒤 나에게 당당해지세요. 5년 뒤의 나는 분명 지금보다 잘 살고 있을 거거든요. 그때 만난 5년 뒤의 내가 지금의 나에게 감사하다고 소리칠 겁니다. 선택과 노력을 잘 해줘서 고맙다고 말이죠.

나는 돈으로 행복을 삽니다

2024년 10월 2일 초판 1쇄 인쇄
2024년 10월 9일 초판 1쇄 발행

지은이 | 부자마녀
펴낸이 | 이종춘
펴낸곳 | (주)첨단

주소 | 서울시 마포구 양화로 127 (서교동) 첨단빌딩 3층
전화 | 02-338-9151
팩스 | 02-338-9155
인터넷 홈페이지 | www.goldenowl.co.kr
출판등록 | 2000년 2월 15일 제2000-000035호

본부장 | 홍종훈
편집 | 문다해
교정 | 강현주
디자인 | 섬세한곰, 조수빈
일러스트 | 정인(@jeong_iinn_)
전략마케팅 | 구본철, 차정욱, 오영일, 나진호, 강호묵
온라인 홍보마케팅 | 신수빈
제작 | 김유석
경영지원 | 이금선, 최미숙

ISBN 978-89-6030-637-0 03320

- **BM 황금부엉이**는 (주)첨단의 단행본 출판 브랜드입니다.

- 값은 뒤표지에 있습니다. 잘못된 책은 구입하신 서점에서 바꾸어 드립니다.
- 이 책에 나오는 표현, 수식, 법령, 세법, 행정 절차, 예측 등은 오류가 있을 수 있습니다. 저자와 출판사는 책의 내용에 대한 민/형사상 책임을 지지 않습니다.
- 이 책은 신저작권법에 의거해 한국 내에서 보호를 받는 저작물이므로 무단 전재 및 복제를 금합니다.

> 황금부엉이에서 출간하고 싶은 원고가 있으신가요? 생각해보신 책의 제목(가제), 내용에 대한 소개, 간단한 자기소개, 연락처를 book@goldenowl.co.kr 메일로 보내주세요. 집필하신 원고가 있다면 원고의 일부 또는 전체를 함께 보내주시면 더욱 좋습니다. 책의 집필이 아닌 기획안을 제안해주셔도 좋습니다. 보내주신 분이 저 자신이라는 마음으로 정성을 다해 검토하겠습니다.

숨 찬 가슴, 저릿한 다리가 말해주는
고된 여정이지만,
절대 포기하지 마세요!

한 걸음씩 내딛는 당신의 발걸음은 소중합니다.
나를 위해,
내 아이의 당당한 내일을 위해,
포기하지 말고,
뒤돌아보지도 말고,
우직하게,
앞으로 앞으로 나아가세요.

가난을 물려주지 않고,
내 아이가 꿈을 펼칠 수 있게 지원해 주는
부모가 되겠다고 다짐하며
이름을 적습니다.

제 이름은 _____ 입니다.